全国"八五"普法学习读本系列

企业合规通识读本

全国"八五"普法学习读本编写组 编

法律出版社
LAW PRESS · CHINA
北京

图书在版编目(CIP)数据

企业合规通识读本 / 全国"八五"普法学习读本编写组编. -- 北京 : 法律出版社, 2022
ISBN 978-7-5197-6566-8

Ⅰ. ①企… Ⅱ. ①全… Ⅲ. ①企业法-研究-中国-通俗读物 Ⅳ. ①D922.291.915

中国版本图书馆 CIP 数据核字(2022)第 062806 号

企业合规通识读本
QIYE HEGUI TONGSHI DUBEN

全国"八五"普法学习读本编写组 编

策划编辑 沈小英
责任编辑 陈 妮 刘晓萌 毛镜澄 任 娜 刘雪莲
装帧设计 汪奇峰

出版发行 法律出版社
编辑统筹 法治与经济出版分社
责任校对 晁明慧
责任印制 吕亚莉
经 销 新华书店

开本 710 毫米×1000 毫米 1/16
印张 14.5 字数 243 千
版本 2022 年 5 月第 1 版
印次 2022 年 5 月第 1 次印刷
印刷 固安华明印业有限公司

地址:北京市丰台区莲花池西里 7 号(100073)
网址:www.lawpress.com.cn
投稿邮箱:info@lawpress.com.cn
举报盗版邮箱:jbwq@lawpress.com.cn

销售电话:010-83938349
客服电话:010-83938350
咨询电话:010-63939796

书号:ISBN 978-7-5197-6566-8
定价:56.00 元

凡购买本社图书,如有印装错误,我社负责退换。电话:010-83938349

主　编：李奋飞

撰稿人：（按撰写章节顺序排序）

陶朗道　对外经济贸易大学法学院博士研究生

李奋飞　中国人民大学法学院教授
最高人民检察院企业合规检察研究基地主任

陶　杨　北京交通大学法学院教授

陈　宁　河南韬涵律师事务所主任

金　鑫　北京市鑫诺律师事务所合规部主任

马　兰　奇安信科技集团总法律顾问

范　磊　浪潮电子信息产业股份有限公司合规部总经理

编写说明

2020年11月16日至17日召开的中央全面依法治国工作会议,明确了习近平法治思想在全面依法治国工作中的指导地位,这是我国社会主义法治建设中具有现实意义和深远意义的大事。习近平法治思想是马克思主义法治理论中国化的最新成果,是习近平新时代中国特色社会主义思想的重要组成部分,是全面依法治国的根本遵循和行动指南。

在习近平新时代中国特色社会主义思想指导下,深入学习贯彻习近平法治思想,我们编写《企业合规通识读本》,以落实《中央宣传部、司法部关于开展法治宣传教育的第八个五年规划(2021—2025年)》,切实抓好普法学习宣传,推动企业合规建设,持续优化营商环境。2021年3月11日,第十三届全国人大第四次会议表决通过了《中华人民共和国国民经济和社会发展第十四个五年规划和2035年远景目标纲要》,其中两次提到合规:一是"引导企业加强合规管理,防范化解境外政治、经济、安全等各类风险";二是"推动民营企业守法合规经营,鼓励民营企业积极履行社会责任、参与社会公益和慈善事业"。可见,企业合规对经济和社会发展具有重要意义,将成为我国"十四五"期间法治建设的重点内容之一。本书的编写特色和特点:

第一,从基础研究的视角,提炼企业合规的基本内涵。企业合规是跨学科、多领域的新兴问题,无论是理论界还是实务界对企业合规的认识还不统一、不深入,本书基于既有研究成果和实践经验,对企业合规的基本概念、基础分类进行提炼,以便读者系统化、全方位地认识企业合规理论。

第二,从国家治理的视角,说明合规建设的价值内涵。本书以解读国家治理现代化、营商环境法治化、数字经济发展等重大战略和政策为基础,阐释国家推动企业合规建设的内在原因,为进一步推动和落实企业合规建设提供思路。

第三，从企业经营的视角，分析合规管理的商业功能。本书结合检察机关主导的企业合规改革、证券领域确立的当事人承诺制度等法律新变化，说明合规管理如何为企业提升市场竞争力、降低法律制裁风险，帮助企业经营者正确认识合规的经济价值。

第四，从实务操作的视角，总结合规管理的基本方法。本书以中兴公司、西门子、湖南建工等知名企业的合规管理经验为依托，结合国内外发布的官方合规标准和指引，在“大合规”视野下，为企业识别合规风险、拟订合规章程、形成合规组织、构建违规举报机制、实施合规培训、完善第三方管理等提供操作方法。

第五，从实务详解的视角，凝练专项合规的具体方法。本书选取了反腐败合规、反垄断合规、数据合规三个最常见的专项合规领域进行分析，在总结相关立法动态和执法趋势的基础上，帮助合规官、合规顾问等相关从业人员认识实践中专项合规风险防控的重点和难点。

普法宣传是一个长期、持续的过程，任重道远。2020 年 12 月，中共中央印发了《法治社会建设实施纲要（2020—2025 年）》，明确提出到 2025 年，“八五”普法规划实施完成，法治观念深入人心，社会领域制度规范更加健全，社会主义核心价值观要求融入法治建设和社会治理成效显著，公民、法人和其他组织合法权益得到切实保障。希望本书能为我国的企业合规法治建设、合规文化的传播和普及，作出应有的贡献。

全国“八五”普法学习读本编写组

2022 年 3 月

目录

Contents

第七章　反垄断合规要求企业如何做？

第八章　数据合规要求企业如何做？

第一章
企业合规是什么？

自2018年起，“合规”逐渐成为我国一个新兴的法律词汇，常见于各类新闻报道、政策文件、法律规定当中，充斥着人们的视野。在就业方面，企业合规师也成为一种新潮的高薪职业，我们经常能够在各大企业的招聘通知中看到合规岗位的招聘信息。但是，许多人对于合规的认识仍然模糊，不了解合规与守法的差别，更不清楚企业合规对社会的价值以及能为大众带来的好处。这是因为，传统法学教育领域没有涵盖合规相关知识，传统经济学、金融学、管理学也没有涉及，大众只能在一些学者发言、企业宣传、培训课程中获取碎片化的合规相关信息。

那么，“合规”究竟是什么？为什么企业需要招聘合规师？为解答这些疑惑，本章将从合规的基础概念入手，为读者全面解答“神秘”的合规知识。

第一节 合规保障守法

合规的字面含义就是合乎规定,因此,很多人将其理解为"守法",进而认为合规就是要求遵守法律和其他规定。在这种观念的影响下,合规的含义变得宽泛。从主体来看,有人说政府合规、城市合规、公民合规等;从客体来看,有人说文化合规、人权合规、道德合规等。可谓"乱花渐欲迷人眼",这些繁杂的词汇反而掩盖了合规的核心内涵,神秘化了合规相关知识。事实上,合规是专属于企业的词汇,指的是企业为防范外部的法律风险而建立的内部管理体系。合规法律制度,就是指国家以推动企业建立合规管理体系为目标而建立的法律规定,既包括要求某些企业建立合规的强制性规定,也包括给予合规企业优惠的激励性规定,还包括指导企业如何建立合规的指引性规定。

究竟谁需要合规?合规具体有哪些类型?实践中的合规究竟如何开展?

▶ 一、合规就是"企业合规"

合规,仅指"企业合规"。只有企业才需要合规,政府、城市、个人等其他主体的守法行为不宜用"合规"来指代,而可以使用公众更熟悉的"守法"一词,从而促进社会群体的全面遵循。

从历史发展的角度来看,"合规"一词源于域外,是形容企业通过调整内部管理体系以便更好地遵循国家管理规定的专有词汇。该词最早见于1887年美国颁布的《州际商业法》,该法对企业跨州进行贸易的行为加以规范。在之后的30年间,经过美国食品安全法律、反垄断法律、反腐败法律规定的发展,合规,指的是组织通过一系列内控措施努力确保其员工和相关者不违反法律法规,以避免违法。[①] 依据该理论,合规的主体需要具备两个要素:一是主体须为法律承认的独立组织,二是该组织体须为法律法规规范和制裁的对象。显然,公民是个人,不符合商业组织的成立前提,而“政府”“城市”“社会组织”等其他组织的行为规范主要不是通过法律法规实现,而是通过政治程序、政治选举、党务领导等途径实现,没有作为合规研究对象的必要性。现今,域外已经达成共识的是,带有“合规”措辞的制度和规范主要约束的对象应当是“商业组织”。

这类“商业组织”在我国的话语体系里就是“企业”,具体包括公司、合伙企业、独资企业等所有法律承认的企业组织(有独立于自然人的名义和财产)。参与商品交换或服务提供等市场活动的主体,无论是否具有法人资格,都属于企业。合规逐渐成为企业的专属词汇,企业合规也成为专门的研究领域。

此外,还需要特别强调,合规的主体是企业,不是企业家。有人将“企业合规”与“企业家合规”的概念相混淆,认为企业合规的目标在于减少企业家个人的违法犯罪风险。企业建立合规计划确实能够通过加强内控而在一定程度上降低其内部企业家、高管、员工等在经营活动中实施自然人违法犯罪行为的概率,但其主要目的并不在此,而在于切割企业与自然人间的责任,避免集体因少数个人而受处罚。[②]

但是,“合规”与“企业依法依规经营”(就是企业“守法”)是不同的概念。后者是前者的目标,前者是后者的手段。为什么要专门创设“合规”一词?为什么要围绕“合规”建立一些新的法律规则?纵观各国的企业治理历史,都基本经历了三个阶段:第一,国家为预防企业实施危害行为,增加关于企业违法犯罪的规定数量,但发现难以充分规范、约束企业;第二,国家加大市场监管力度,但由于监管资源有限,在一定程度上呈现监管乏力的现象;第三,国家开始推动企业合规制度建设,督促企业通过管理制度实现对违法犯

---

① See Geoffrey P. Miller, *The Compliance Function: An Overview*, NYU School (November 2014), http://www.law.nyu.edu/sites/default/files/upload_documents/The%20Compliance%20Functiion%20an%20Overview.Miller.pdf.

② 参见陈瑞华:《论企业合规的性质》,载《浙江工商大学学报》2021年第1期。

罪行为的自我监督、自我发现、自我预防,与外部国家监管机关形成配合。目前,单纯强调“守法”已经很难确保企业在各个经营和管理环节都依法依规办事。企业需要在“守法”宗旨的引导下,建立具体的内部管理制度,以“合规”确保“守法”。

(一)增加违法犯罪规定数量不足以规范企业行为

随着企业危害行为对社会公共利益的负面影响日益显著,各国增设了许多企业违法犯罪的规定。随着市场经济的发展,每家企业都变成了一个小型社群,高管、员工等人员之间形成了新的人际联系。如同国家需要合理分配资源、管控社会各个组成部分的行为,企业也需要建立对其内部社会的管理规则,设置和分配各个员工在经营中的角色,界定他们的行为边界,这就是企业管理制度最直白的内涵。但是,传统的企业管理制度,主要指的是执行层面的管理,即企业决策层如何带领众多员工通过销售产品、提供服务等经营手段谋求富裕,所有的管理决策基本都以集体利益最大化为先。然而,随着现代商业市场的发展,企业数量增加、企业规模扩大,企业内部个体的违法犯罪行为非常具有隐藏性,而一些个体违法犯罪行为经过企业集体的辐射和扩张,则可能造成巨大的社会危害。

政府逐渐认识到规范企业的行为是维护社会秩序稳定的重要环节。于是,各国增加了许多针对企业违法犯罪的规定,以罚款、罚金,禁止上市经营,吊销营业执照等方式惩罚违法犯罪企业,以督促企业不要为了小群体的盈利而损害社会大群体的利益。然而,即使经济法、刑法等主要法律规定了企业违法犯罪的处罚后果,企业不遵守法律的现象也难以避免。这在一定程度上说明,以传统处罚结果为导向的企业治理思维需要改进,仅通过增设违法犯罪规定,无法有效管控企业的危害行为。

(二)有限的监管资源难以应对日益复杂的市场环境

传统企业违法犯罪的规定以处罚结果为导向,其治理逻辑存在不符合企业行为特征之处。人们通过行为学、心理学、犯罪学等领域的研究发现,企业内部的违法犯罪行为更具有复杂性和隐匿性。由于国家的监管资源有限,事实上被发现的、受到制裁的违法犯罪企业数量较少。在对个人犯罪的相关认知中，一个人选择犯罪的原因往往可能是对法律规定缺乏认知，不知道自己在从事违法犯罪活动，或者对违法犯罪活动的严重后果缺乏了解。然而，企业是更“精明”的集体，其对于相关领域的法律知识通常有较好的掌握能力，而且明确知道违法犯罪行为会带来的处罚结果。所以，企业及代表其行为的个人（通常是企业的高管）选择从事违法犯罪行为的原因更可能是经过计算之后，认为企业将获得的好处大于企业可能被施以的处罚（处罚的计算包括法律规定的惩罚后果和惩罚被落实的可能性）。有时，即使违法犯罪的后果非常严重，但如果从事违法犯罪行为能够获得更大的利益，而且几乎不会被发现，那么仍会有企业会选择“铤而走险”地从事违法犯罪行为。① 所以，规范企业行为最好的方式就是增加监管力度，使违法犯罪行为更容易被发现。但是，国家资源的分配是多面性的，能够投入企业和市场监管的人力、物力、财力有限，因而可能出现一些行业性企业的违法犯罪行为并不能被发现的情况。

加强市场监管，可以抑制企业侥幸心理，让一部分企业放弃从事违法犯罪行为。但是，在国家治理资源总量恒定的前提下，如果国家没有办法投入更多的监管资源，没有更多的行政执法人员和司法警察去发现和调查企业犯罪，那么，加强监管力度就无法产生更有力的效果。

（三）国家推动企业合规实现监管的“内外配合”

在国家监管资源有限的前提下，要加强企业监管，各国开始将目光转向企业，推动企业合规的出现。“守法”是企业的义务，如果企业自身能够积极主动地采取一些内控和管理措施，将企业经营获得的一部分收益用于加强对内部高管、经理、员工、合作人员等行为的管控，与企业外部的国家监管机关形成配合，就能有效缓解监管资源不足的问题，形成“内外配合”的企业监管

① See John Braithwaite and Gilbert Geis, *On Theory and Action for Corporate Crime Control*, Crime and Delinquency, Vol. 28:2, p. 292 – 314 (1982); Darril K. Brownl, *Street Crime*, *Corporate Crime*, *and the Contingency of Criminal Liability*, University of Pennsylvania Law Review, Vol. 149:5, p. 1295 – 1360 (2001).

格局。

一方面,企业的部分违法犯罪行为,源自个别高管、经理、员工的一些错误决策,但这些错误难以被外界所知晓或发现。例如,企业总经理在其他人的鼓励下,发现虚构交易、开取增值税专用发票、向有需要的中介售卖能够盈利,于是让会计按照指示拟一份假合同并以企业的名义开票1000万元,虽然最终获取的收益也进入企业的账户,但股东、副总、法务等人员都可能以为是企业业绩效益较好,所有人员也都因为收益增加而获得了更多的年终奖金。整个行为构成我国虚开增值税专用发票罪,但是对合同虚假的事实、发票买卖过程的知情人不过是总经理和会计二人。二人在职权范围内隐匿地完成了整个犯罪过程。

另一方面,企业内部人员最有可能发现违法犯罪行为。在上述虚开增值税专用发票的场景下,最可能发现违法犯罪行为的人都在企业内部。企业内部人员是最了解企业情况、最贴近案发现场的人,他们比外部监管机关更具有发现企业违法犯罪行为的条件。除了直接从事违法犯罪行为的总经理、会计之外,董事长可能会对企业的盈利额突然增加的情况心存怀疑,业务部门的员工可能会知道企业根本就没有完成该笔交易,审计部门的员工也可能在对账时产生怀疑。但是,鲜少有员工会仅凭自己内心的猜测而追问到底。企业的业绩好,员工的工资高,企业的违法犯罪行为事实上也使企业内部的部分员工获利,这进一步降低了违法犯罪行为被发现的可能性。

因此,各国开拓出以合规为核心的一系列新制度,推动企业自主加强对内部人员行为的监督和管控,配合国家监管机关打击企业的违法犯罪行为。例如,英特尔公司作为软件行业的巨头,是执法机关和司法机关的重点关注对象之一。英特尔公司的反垄断合规计划主要具有三个特点:第一,建立了有针对性的员工合规培训制度,培训方式不再仅是发放行为手册或播放视频,而是为所有管理人员、60%以上的非制造员工、所有的销售相关人员设置不一样的培训课程,明确告知员工合规和违规行为的具体内容,包括不可以定价、不可以签署排他合同、不可以和竞争对手讨论定价战略等,还指导员工们处理技术合作、捆绑销售等涉及法律规定“灰色地带”的问题;第二,对员工文件进行电子监控,如果在监测和抽查的过程中发现文件涉及反垄断违法，随时会有律师来取走文件、磁盘、电子邮件等一切可能与违法行为相关的证据；第三，建立模仿刑事司法过程的违规违法处理程序，如发现高管有违法违规行为，那么公司会派出一名反垄断诉讼律师在该高管的团队面前对其进行交叉“讯问”，以收集到的证据作为指控的依据，此后还会派出公司外部律师向团队成员们解释行为的违法根源所在。[①] 此外，英特尔公司还早就建立了违规举报机制，为各个岗位的员工提供直接向合规负责人举报的路径。他们如果在日常经营中发现任何与合规有关的“危险行为”，都可以通过该途径以匿名的方式进行举报。在内部管理层面，该反垄断合规计划执行的数年间，有许多员工因为违反规定而被英特尔公司降薪、调岗、开除等，避免了他们的个人行为升级为违法犯罪行为，进而使企业集体陷入刑事风险。在外部监管层面，这种反垄断合规计划使英特尔公司在20世纪90年代曾两次成功应对反垄断相关调查，说服执法机关放弃继续采取制裁行动。

在各类法律制裁风险下，一部分企业通过加强内控措施，在发现和预防内部人员违法犯罪行为方面作出额外的管理努力，与国家监管机关形成配合。企业如果发现内部人员仅构成违规，尚未触及国家法律，那么就会依据内部的奖惩机制对相关人员进行处理，防止他们的行为进一步“恶化”而给企业带来风险。企业如果发现企业内部人员已经构成违法犯罪，那么会通知国家监管机关，将预先收集好的证据提交给调查人员，主动配合调查人员后续的各类需要。相应地，监管机关如果发现企业确实已经构成违法犯罪，也会因其积极“自我举报”“配合调查”“积极整改”等良好情节而对其从轻从宽处理。

总之，合规相关制度的出现是为了让国家和企业在对抗违法犯罪方面形成配合，由国家通过给予企业一些从轻从宽处置“福利”的方式，激励企业自主地对发现和预防内部相关违法犯罪行为投入管理资源。

---

① See David B. Yoffie and Mary Kwak, *Playing by the Rules: How Intel Avoids Antitrust Litigation*, Harvard Business Review, Vol. 79:6, p. 119 – 122 (2001).

▶ 二、合规是企业的新型管理制度

合规作为企业管理制度的一种,与传统的管理制度仍然存在较大区别。合规管理是内控制度的一种,但其通常不被传统内控规则所包含,更不属于审计业务和法律业务的范围,是新兴的、独立的管理制度。

(一)合规不等于内控

“一般而言,企业会面临三个方面的风险:一是经营风险;二是财务风险;三是合规风险。”①从字面意思来看,企业的内部控制制度应当能够概括性地包含对三种风险的统一防范。“企业内控管理主要是指企业针对自身内部各项工作的运行情况所实施的检查和管理活动,其中包括对员工的检查管理、公司制度的执行和完善、风险的防范和控制等。”②但是,传统的企业内控制度通常主要解决经营中的管理风险,较少涉及合规风险问题。这种经营风险,主要指的是企业商业战略、执行管理方面的风险,例如,企业执行层选择了错误的营业领域,导致企业无法营利、产生亏损,具体内控措施包括重大的收购、并购、业务调整等需要上风险委员会进行讨论,或者重大股东的更换、股东个人超过一定数量的向外借款需要向风险委员会报备等。

也有企业将合规作为内控的一部分,以中国建设银行的制度规定为例,其在2020年的年报中强调:“本行内部控制的目标是合理保证经营管理合法合规、资产安全、财务报告及相关信息真实完整,提高经营效率和效果,促进实现发展战略。本行董事会负责按照企业内部控制规范体系的规定,建立健全和有效实施内部控制,评价其有效性,并监督内部控制体系的有效性。监事会对董事会建立和实施内部控制进行监督。高管层负责组织领导内部控制的日常运行……2020年末,本行不存在财务报告内部控制重大缺陷,未发现非财务报告内部控制重大缺陷。董事会认为,本行已按照企业内部控制规

① 陈瑞华:《论企业合规的性质》,载《浙江工商大学学报》2021年第1期。

② 沈雨欣:《企业内控现状及优化路径探析》,载《现代商业》2019年第6期。

范体系和相关规定的要求在所有重大方面保持了有效的财务报告内部控制。”①可见,该行将合规风险、财务风险、经营风险等统一作为内控制度防范的对象,合规以法律风险防范为目标,是内控制度的组成部分,但不是内控的全部含义。

（二）合规不等于审计

在传统企业管理制度中,审计制度通常只解决财务风险问题,一般不包括防控法律风险的合规问题。企业普遍认为:“审计作为一项经济监督工作,对企业各项经营活动开展、资金运作、经营效益等有直接影响,因此审计与财务管理之间也具有密切关联。审计工作高质量开展,将会起到预防、纠正不良经济行为的效果,从而为财务管理目标的实现提供了间接帮助。”②

如大多企业审计岗位招聘要求所写,审计内容以财务风险为主,具体职能包括:(1)审查企业各项财务制度的落实情况,协助审计主管拟订审计计划或方案;(2)完成资产、负债、收入、成本、费用、利润等单项业务的审计工作;(3)检查、复核审计证据,作出单项审计评价意见;(4)编写内部审计报告,提出处理意见和建议;等等。

虽然企业的一些法律合规风险源于财务审计功能的失控,例如,企业涉及逃税、虚开发票、商业贿赂等活动在一定程度上应当能够被审计人员发现并阻止,强化企业管理中的审计制度能够有助于防范企业从事一些财务相关的违法犯罪行为。但是,这不是企业所面临的全部法律风险,如串通投标、非法经营、侵犯公民个人信息、侵犯知识产权等相关的违法犯罪行为,因不涉及财务环节而难以被审计发现。更何况,企业的财务和审计工作以企业的利益为导向,这些员工通常不具有专业法律知识。所以,企业传统的财务管理制度以及其中的财务审计制度,不能够发挥合规的功能,二者本质上相互独立。

① 《中国建设银行股份有限公司 2020 年年度报告》,载中国建设银行网, http://www.ccb.com/cn/investor/notice/20210326_1616773938/20210326234936057899.pdf。

② 孙颖:《简析企业审计对财务管理的推动作用》,载《现代审计与会计》2021 年第 11 期。

(三)合规不等于法务

企业传统的法务功能具有外向性和私法性,即以解决企业经营活动中涉及的合同纠纷为主;而合规具有内向性和公法性,即通过对企业内部个人行为的管控避免企业因违法或犯罪被外部国家监管机关制裁。合规和法务的核心差异包括以下两点。

第一,法务服务于企业经营行为,而合规审视企业经营行为。企业界公认的是,法务,是指"企业在日常的经营活动中,企业法务部门以参与企业各项重大经营决策为前提,以为企业提供案件处理、合同管理、知识产权管理、公共关系管理、重大危机处理、公司信息披露和法律培训等为主要职能,以预防、控制和处理可能发生或已经发生的风险为核心,以保障企业合法合规经营,提高企业竞争力和营利能力为目标的一项系统管理活动"①。我们最常见的法务工作内容就是,在企业即将要与业务合作方达成协议时,由法务人员站在本单位利益的角度审核合同,提出有利于本企业的修改意见。显然,这类工作要求法务人员服务于企业业务的增长。然而,如果由合规人员来审查同类合同,就需要考察业务人员是否在获取合同的过程中存在商业贿赂、串通投标、缺乏资质等违法犯罪情形,避免企业因此合同而受到行政机关、司法机关的制裁。

第二,法务处理民事纠纷案件,而合规处理行政和刑事制裁案件。企业在经营活动中,难免面临各类纠纷。例如,企业在与合作方签署合同之后,该合作方没有按照约定支付款项、交付货物、提供服务,那么法务人员就可以代表公司提起诉讼,追回违约行为所带来的损失。但是,企业除了可能成为民事纠纷的主体,也可能成为行政违法和刑事犯罪的主体。例如,企业在工程合同结束之后,可能由于押款等原因拒不支付农民工工资,在这种情况下,国家监管部门可能会对企业进行行政处罚并责令其支付。但如果企业经政府有关部门责令支付仍不支付的,则可能会构成拒不支付劳动报酬罪,这种情况就需要合规人员负责解决。例如,在拖欠工资行为发生时或行政责令支付

① 叶小忠主编:《中国企业法务观察》第1辑,法律出版社2014年版,第57页。

的决定下达时告知企业管理层相关行为所带来的行政和刑事风险，尽力阻止可能导致公司构成违法犯罪的行为。

总之，虽然当前有许多企业成立了“法律合规部”，但其部门内部的法律和合规功能仍然相互独立。合规岗位的职能包括：(1)研究和分析出口管制、反商业贿赂、数据保护等领域的全球性法律法规，以及重点国家的合规管控要求；(2)依据各国法律法规及公司合规政策，参与推动公司的合规制度建设和落地；(3)参与公司各业务领域合规风险梳理工作，分析和制定风险应对策略；(4)规划和开展合规审计工作，参与公司重大合规事件的调查和应对；(5)与国际性顶级律所等外部咨询机构合作，共同推进公司合规体系/制度建设；(6)参与公司对外合规交流，推进合规品牌建设；(7)开展合规培训，推进公司全球员工合规意识的提升；等等。

第二节 合规的基本类型

企业合规主要是一个管理学和法学的交叉问题,但以法学为主导,因为是外部法律制度的发展催生了企业的法律新风险,企业为应对这些新的合规要求,而对内部管理制度进行调整。企业为实现法律合规目标所建立的管理制度也被专门称为“合规计划”。根据合规计划所针对法律风险的领域,其主要可以分为行政合规计划与刑事合规计划;根据合规计划所针对法律风险的数量,其主要可以分为综合合规计划和专项合规计划。

▶ 一、行政合规计划与刑事合规计划

企业所针对的法律风险有两个前提:一是有明确的外部法律规则,二是企业有被执法者强制制裁的风险。因此,企业合规一般仅包括“行政合规”和“刑事合规”两种类型。这点已经被主流理论所认可,“合规”仅指企业建立的有效合规计划,是以法律风险为导向的企业内部治理机制,所防范的风险主要是企业被行政处罚或刑事追究的风险。①

随着合规理论研究在我国蓬勃发展,有些研究者开始创造“道德合规”“民事合规”“文化合规”“诚信合规”“人权合规”等新概念。② 但是,在这些新概念中,“合规”只具有“守法”的广义内涵,不存在进行标准化、内化为企业内控措施的可能性。企业经营中的民事纠纷属于平等主体间的外向契约性问题,民事官司的输赢是商业问题,不涉及自上而下的违法性评价问题,企

① 参见陈瑞华:《论企业合规的性质》,载《浙江工商大学学报》2021 年第 1 期。

② 参见《马贤兴首次提出“道德合规”》,载人民论坛网,http://www.rmlt.com.cn/2021/0615/616406.shtml;佟丽华:《中国企业境外经营的人权合规问题研究》,载《人权研究》2021 年第 3 期。

业最多只承担给付财产性赔偿的民事义务。如前文所述,防范这种所谓的"民事法律风险",是企业传统法务工作的常规范畴。文化、道德、诚信、人权更是抽象的理念问题,哪怕是概念的提出者都没有将其所指的行为规则具体化,更没有直接的国家制裁风险。实践中,我们不会看到某家企业因为道德、文化、人权问题而被行政处罚或定罪。更何况,没有统一标准对企业行为划定边界,外部法律规则不明,就无法通过企业内部管控予以落实。国际通行的观点认为,国内法所称企业合规只有行政合规(应对经济行政法律制裁所建立的合规计划)和刑事合规(应对刑事法律制裁所建立的合规计划)两种;而国际法所称合规还包括了国际组织合规(应对国际组织制裁所建立的合规计划,世界银行、经济合作与发展组织等对其成员及成员关联企业建立了行为准则和制裁规则)。①

我国已经开始了企业合规相关改革,刑事合规是"推动力",行政合规是"最终归宿"。在提高经济主体活力、保护民营企业经营等内在经济需求的推动下,我国检察机关主导的企业合规改革率先推动企业建立刑事合规计划。自 2020 年 3 月起,我国检察机关主导开展企业合规改革工作,遵循"依法督促涉案企业合规管理,将严管厚爱落到实处"的基本理念,指导试点地区"检察机关对于办理的涉企刑事案件,在依法作出不批准逮捕、不起诉决定或者根据认罪认罚从宽制度提出轻缓量刑建议等的同时,针对企业涉嫌具体犯罪,结合办案实际,督促涉案企业作出合规承诺并积极整改落实,促进企业合规守法经营,减少和预防企业犯罪,实现司法办案政治效果、法律效果、社会效果的有机统一"②。至今,该试点工作已经开展了两期,有 160 余家检察院参与,办理了数百起相关案件。简单来说,这场改革意味着,企业如果建立刑事合规计划可以在两方面受益:

第一,如果企业在案发前就已经建立了刑事合规计划,对涉案的刑事风险尽力进行预防,那么检察院更可能对其从轻处理,包括作出不起诉决定或

---

① See Miriam, Hechler and Baer, *Governing Corporate Compliance*, Boston College Law Review, Vol. 50:4, p. 949 - 1019 (2009).

② 参见《最高检下发工作方案 依法有序推进企业合规改革试点纵深发展——第二期改革试点范围扩大至北京、浙江等十个地区》(2021 年 4 月 8 日)。

提出从轻处罚的量刑建议等。第二,虽然企业在案发前没有刑事合规计划,但是如果企业在涉案后承诺建立刑事合规计划,那么检察院可以根据具体情况决定是否要对其从轻处理,包括作出不起诉决定或提出从轻处罚的量刑建议等。总之,建立刑事合规计划对涉案或可能涉案的企业有益,最大的益处就是换取不起诉决定,不再面临后续的审判程序,不会被定罪和量刑,因此,学者较多地将其称为“合规不起诉”制度改革。[①] 企业建立刑事合规计划展现了企业的法律意识,尽可能地降低了企业的再犯风险,检察院就会据此给予相对宽缓的处理。

我国的各个行政机关也开始认识到企业合规的价值,出台各类企业合规指南、企业合规指导意见书,要求企业建立行政合规计划。2021 年 4 月的“阿里巴巴反垄断案”就是最典型的案例。2015 年以来,阿里巴巴集团为阻碍其他竞争性平台发展,维持、巩固自身市场地位,获取不当竞争优势,实施“二选一”垄断行为,限定商家只能与其进行交易,违反了《中华人民共和国反垄断法》(以下简称《反垄断法》)关于“没有正当理由,限定交易相对人只能与其进行交易”的规定,构成滥用市场支配地位行为。根据《反垄断法》,对实施滥用市场支配地位行为的经营者,应处上一年度销售额 1% 以上 10% 以下的罚款。监管部门综合考虑阿里巴巴集团违法行为的性质、程度和持续时间等因素,对其处以 2019 年销售额 4% 的罚款(182.28 亿元人民币),有力维护了法律权威,是对平台内商家和广大消费者合法权益的切实保护,也是对平台经济发展秩序的有效规范。[②] 我国市场监督管理总局在发出“行政处罚决定书”之后,还首次对其发出“行政指导书”,要求其完善企业内部合规控制制度,具体包括:建立并有效执行反垄断合规制度,明确合规管理要求和流程,完善合规咨询、合规检查、合规汇报、合规考核等内部机制;定期开展公司高管和工作人员合规培训,增强反垄断合规意识,提升合规能力;建立定期向监管部门报告合规情况制度,自觉维护公平竞争的市场秩序;等等。[③] 这是我国首次在行政处罚之余,强调企业要建立相应的行政合规计划。伴随

① 参见李奋飞:《论企业合规考察的适用条件》,载《法学论坛》2021 年第 6 期。

② 参见国家市场监督管理总局行政处罚决定书,国市监处〔2021〕28 号。

③ 参见国家市场监督管理总局行政指导书,国市监行指反垄〔2021〕1 号。

《国务院反垄断委员会关于平台经济领域的反垄断指南》和各地“经营者反垄断合规指南(引)”等文件的出台,我国行政合规相关改革率先在反垄断领域展开。

对于刑事合规和行政合规的关系,我国学者较一致地认为,“行政监管是企业合规的根本和必要性前提”。① 作为企业行为治理的主要场域,行政法律推动企业建立行政合规计划是实现企业合规改革目标的最终归宿,在企业能通过建立合规文化减少行政违法的前提下,企业的刑事犯罪风险自然随之降低。在企业管理制度方面,就行政合规计划和刑事合规计划的差异而言,因为企业违法的规定数量多于企业犯罪的规定数量,而且企业犯罪都以企业违法为前提,所以,企业行政合规计划设置的要素和规则应当比刑事合规计划更多。虽然二者的风险防控重点有差异,即行政合规计划更加注重对行政违法风险的普遍防范,而刑事合规计划更加注重对刑事犯罪风险点的特殊防范,但是,二者共享合规管理体系的基本要素,在识别合规风险、制定合规章程、形成合规组织、建立违规举报、组织合规培训、管理第三方等管理结构建立之后,设计实现同一类违法犯罪行为的协同预防,不会造成多大的成本负担。②

▶ 二、综合合规计划与专项合规计划

企业合规计划的类型可以分为综合合规计划和专项合规计划。前者是笼统地针对所有违法犯罪风险建立合规体系;后者则是针对特定违法犯罪风险点而细化的合规体系。

在经济行政法视野下,行政合规计划具体可以分为行政综合合规计划和行政专项合规计划。我国国家监管部门发布的《中央企业合规管理指引(试行)》《企业境外经营合规管理指引》等文件均属前者,它们没有以某一类违法风险作为特殊防范对象,而是笼统地要求企业建立体系化的“大合规”。

① 张泽涛:《行政监管是企业合规之本》,载《民主与法制》2021年第29期。

② 参见李奋飞:《涉案企业合规刑行衔接的初步研究》,载《政法论坛》2022年第1期。

后者则有很多种形态,包括反垄断合规计划、反商业贿赂合规计划、反洗钱合规计划、数据保护合规计划等。相较于前者,后面各类专项合规计划的要素虽然基本一致,但更加清楚地描述具体的违法风险点,并根据该项违法风险点的特殊性建立更具有针对性的要求。例如,《经营者反垄断合规指南》的第三章将"合规风险重点"概括为禁止达成垄断协议、禁止滥用市场支配地位、依法实施经营者集中、经营者的法律责任等。相应地,建立合规制度、合规风险管理、合规管理保障等措施缓解都强调了"反垄断",要求"经营者可以根据业务状况、规模大小、行业特性等,建立反垄断合规管理制度,或者在现有合规管理制度中开展反垄断合规管理专项工作"。

在刑事法视野下,刑事合规计划也可以分为刑事综合合规计划和刑事专项合规计划。我国检察机关于 2020 年 3 月开始主导企业合规改革,正积极探索制定刑事综合合规计划和专项合规计划标准。关于刑事综合合规计划的标准,美国联邦量刑委员会 1991 年在《联邦量刑指南》中明确了企业刑事计划"两项宗旨、七项要素"的基本标准。两项宗旨指的是,该组织需要满足:"1. 尽职尽责地预防和发现犯罪行为;2. 建立遵纪守法的组织文化。"七项要素包括:"1. 合规章程,建立预防和发现犯罪行为的标准和程序;2. 管理层承诺,该组织的管理机构应当对有效合规计划的制定和运行负责,任命有权力和资源的合规负责人并要求其定期向管理层汇报;3. 违法人员排除,该组织应尽力将曾从事违法违规行为的人员排除在管理赋权的范围之外;4. 合规培训,该组织应定期实施合规培训,向高层、实权人、合规负责人、员工、代理方等传达合规计划相关信息;5. 合规监督,该组织应采取能够发现犯罪行为的监督和审计措施,定期评估合规计划有效性,建立秘密举报潜在犯罪行为的匿名机制;6. 合规奖惩,有激励员工遵守合规计划的措施,也有对从事犯罪行为的人员的纪律处分措施;7. 违规应对,该组织应有应对已发现犯罪行为的合理措施,进一步预防类似犯罪行为,包括对合规计划进行任何必要的修正等。"[①]随后,美国司法部于 2017 年出台《企业有效合规标准》(Evaluation

---

① United States Federal Sentencing Guidelines, Chapter 8 Sentencing of Organizations, § 8C2. 5. Culpability Score and § 8B2. 1. Effective Compliance and Ethics Program.

of Corporate Compliance Programs, ECCP),指导检察官在起诉相关决策中评估企业刑事合规计划的有效性,形成了"三个方面、十二项要素"的基本结构。其具体内容如表1-1所示。除了这些刑事综合合规计划,美国、英国、法国也在反腐败、反垄断、反洗钱等领域出台了刑事专项合规计划,进一步细化刑事风险点的防控。

表1-1 "三个方面、十二项要素"的基本结构

企业有效合规的评价方面	基本要素
1.企业的合规计划是否设计良好	(1)风险评估
	(2)政策和程序
	(3)培训和交流
	(4)秘密举报机制和调查程序
	(5)第三方管理
	(6)并购
2.企业是否认真且善意地实施了合规计划	(1)高、中管理层承诺
	(2)自治和资源
	(3)激励和纪律措施
3.企业的合规计划在实践中是否发挥了功效	(1)持续改进、定期测试、审查
	(2)违规行为调查
	(3)对潜在违规行为进行分析和补救

资料来源:美国联邦司法部刑事厅《企业有效合规评价标准》(2020年6月更新)。

第三节 合规体系的要素

无论是刑事合规计划还是行政合规计划,无论是综合合规计划还是专项合规计划,它们包含的基本要素都有所相似。可以认为各类合规体系的公认要素有6个:合规风险识别、合规章程、合规组织、违规举报制度、合规培训制度、第三方管理制度。

▶ 一、合规风险识别

所有的企业合规计划搭建都适于风险识别,即发现企业需要对哪些违法犯罪风险进行特殊防控。企业能够投入企业合规的资源有限,因此需要先识别企业的一项或几项核心风险,对应建立有针对性的合规计划。根据国内外合规律师、监管组织、行业协会等公布的合规风险识别方法,常见的风险识别操作手段包括以下五种。①

第一,分析企业既往记录。企业的历史记录最能够呈现企业的合规风险分布情况,这些记录主要分为内部记录和外部记录两种类型。内部记录包括:企业往日员工进行的内部举报记录;企业高管、员工构成内部违规,被降薪、降职、警告等处罚的记录;企业管理层作出内部规则调整的记录;企业董事会、监事会等重大会议的决策记录;还有企业进行上市、竞标、贷款等重大经营活动的相关记录;等等。外部记录包括:企业被行政制裁或警告的记录,企业涉嫌犯罪案件的记录,企业解决民事纠纷的案件记录,企业受行业协会

---

① See Committee of Sponsoring Organizations of the Treadway Commission, *Compliance Risk Management: Applying the COSC ERM Framework*, COSO (November 2020), https://www.coso.org/Documents/Compliance-Risk-Management-Applying-the-COSO-ERM-Framework.pdf.

的监管情况，企业相关负面新闻报道，等等。

第二，与企业管理者进行详细交流。企业的董事、高管、经理等经营管理负责人是最了解企业状况的人，对于企业存在的问题及风险有基本预估和预判。合规律师在合规风险识别阶段，需始终与这些管理者保持交流，对企业高层指出的问题进行风险溯源，以确定风险领域，并获得在相关领域实施细致化的风险识别工作的授权。

第三，对员工进行调查访问。依据企业员工的岗位类型，设计并发放风险调查问卷，组织员工进行谈话，能够切实了解业务中潜在的合规风险。但是，在该过程中要尽量对员工的身份信息进行保密，员工们只有相信自己不会因为反映企业的问题而面临不利结果，才会说真话。

第四，分析同行企业动态。同类行业、相似规模、相似地域的企业所面临的合规风险一般具有相似性，虽然企业自身尚未发生违法犯罪事件，但其他企业可能已经被司法和执法部门制裁或陷入相关纠纷。许多合规风险的存在都是行业性的，有经验的合规律师会跳出个案的视野，考察相似行业、相近类型企业的问题。

第五，进行合规风险模拟测验。在基本了解合规风险领域后，也有一些律师会开展合规模拟测试，建立线上测试系统，虚拟业务场景，测验风险点的发生概率，发现事前审批、员工培训、违规举报等拟定应对机制的风险漏洞，强化风险识别流程。

在风险识别的过程中，需要警惕以下三大误区：

第一，风险发现不准确，将合规风险与传统的管理风险、财务风险等传统风险识别工作相混淆。对此，德勤作为世界四大国际型会计师事务公司，特别对一般企业风险管理、内部审计、合规风险识别过程的差异进行对比。具体结果如表 1－2 所示，不同于企业风险管理中的宏观风险识别，也不同于以财务环节为主的内部审计风险识别，合规风险识别要以外部法律法规或其他强制性规定所带来的制裁风险为目标。作为“刑事合规”的风险识别环节，需要特别以国内和国外的刑事法律风险为解读和应对的对象，再在可能的范围内，尽量兼顾前置性行政违法风险，以防这些风险进一步发展为犯罪风险。

表 1-2 企业风险评估环节对比

风险类型	风险管理	内部审计	合规风险
目标	识别管理战略风险、操作风险、财务风险、声誉风险,确定风险优先级,分配责任	识别与制订内部审计计划有关的风险,对风险进行优先排序,为董事会、执行团队的风险管理和合规提供帮助	识别企业因不遵守法律或政策而产生的潜在威胁,或因道德违反而造成的威胁,这些威胁可能会导致企业面临罚金、罚款、声誉损失、禁止交易
范围	任何严重影响组织实现其战略目标能力的风险	财务报表和内部控制风险,以及一些可能对企业业绩或财务报表产生重大影响的经营和合规风险	企业在其开展业务的所有司法管辖区内必须遵守的法律和法规风险,以及关键的组织政策风险,无论这些政策是否是依据法律制定的
负责人	首席风险官、首席财务官	首席审计执行官	首席合规官

资料来源:德勤(美国)发布的合规风险评估文件,载德勤美国官网,https://www2.deloitte.com/us/en/pages/risk/articles/compliance-risk-assessments-the-third-ingredient-in-a-world-class-ethics-and-compliance-program.html。

第二,风险评估不恰当,选择应对的风险目标过多。“某某公司建立二十余项合规计划”的新闻标题屡见不鲜,这恰恰反映出一些企业在识别合规风险后难以正确评估出所要应对的核心风险。在风险识别环节之后,企业、合规律师还需对识别出的风险点进行分类、分级,选取其中最突出的一种或几种合规风险进行针对性管控。其中的违反情节轻微、发生概率较低、制裁结果不严重的风险一般不会被独立地作为合规管控的重点。以中兴通讯公司(以下简称中兴公司)为例,作为一个员工人数近 7 万、年营业收益过千亿元的企业,其只选取了腐败风险、出口风险、数据风险三个核心风险建立相应的合规计划。[①] 发现合规风险重点,集中合规资源进行优化配置,是实现有效合规体系建设的前提。

第三,风险选择不全面,没有将相似类型的风险集中防控。合规风险防控不是简单地对企业制度“打补丁”,而应当是将企业制度进行统一的“体系

① 参见《反贿赂合规》,载 ZTE 中兴网,https://www.zte.com.cn/china/about/trust-center/Legal-and-Compliance/201910081604.html。

化”,这要求合规风险选择的目标应当是那些类型化的风险集,而不是那些个别化的风险点。例如,当一个企业发生了虚开增值税专用发票的现象,那么企业的合规风险是全面的税务风险,而非发票管理风险。因为即使加强了发票管控,如果企业逃税漏税的动力仍然存在,则企业的应缴税金仍然可能通过虚构交易合同、隐瞒投资利润、混淆税率等方式流出。所以,合规风险不仅包括单一的风险漏洞,还包括与之相连的风险区域。

▶ 二、合规章程

如现代企业经营中所有的管理制度一样,必须有文字性的书面规定将所有的合规计划内容“装入”,以便日后遵照履行。合规章程,是指企业为防范违法犯罪风险所建立的总体规定,将企业确立的规则、将要实施的措施、内部存在的程序整体呈现,做到企业层面的“有法可依”。实践中,合规章程可以有不同的名称,包括合规章程、公司合规管理规定、员工手册中的合规条款等。

对于大型企业而言,可能需要依据专项合规类型、分支机构所在地区、业务领域、员工数量等差异建立多个独立的合规章程。例如,中兴公司就依据专项合规的类型分别形成了出口管制合规政策、反贿赂合规政策、数据保护合规制度等。[①] 再如,西门子公司打造的反腐败合规计划也发布了《商业行为准则》,作为反腐败合规计划的核心章程,辅以《保持商业诚信小册子》《供应商和第三方中间人行为手册》《商业伙伴合规手册》等文件帮助各个岗位的员工或第三方合作人员理解合规章程的具体要求。[②] 有许多律所对这些大型企业合规章程的基本内容进行研究,发现都大致包含以下重点:标题、管理层(通常是首席执行官)的合规承诺、目录、序言(介绍合规的目的和价值)、企业所需遵循的法律规定、合规章程的适用范围、合规条款、合规条款

---

① 参见《反贿赂合规》,载 ZTE 中兴网,https://www.zte.com.cn/china/about/trust-center/Legal-and-Compliance/201910081604.html。

② See *Responsible Behavior Compliance at Siemens*, Siemens (December 2016), http://www.siemens.sk/download/web/responsible-business-behavior-compliance-at-siemens_EN.pdf.

对应的案例释义、帮助员工作出决策的合规行为指南(包含合规培训制度的内容)、向合规官或合规负责人寻求意见和帮助的方式(包括违规举报机制的设置)、违规行为的惩罚制度、合规章程修订方式等。①

对于中小微企业而言,合规章程可以以"合规条款"的形式纳入企业管理章程、董事会决议、员工行为手册等既有文件当中。但是,这也需要包括上述合规章程所需涵盖的基本内容,涵盖合规的原则性承诺以及具体的合规制度和程序。此外,中小微企业在制定合规章程的过程中,基于成本和能力的限制,可以适当地参考相似企业的合规条款,在其基础上进行调整。

实践中制定合规章程的常见误区有四个。

第一,将合规章程与员工手册的内容相混淆。前者是阐释员工行为的法律底线,而后者则主要是员工福利、薪酬机制、办公时间、假期等人力资源相关信息。② 在小微企业中,合规条款可能包含在员工手册中,但必须与其他内容明确区分。

第二,原则性合规承诺表达不当,出现如"为防止国家处罚而制定本章程"的表述,这倾向于表明企业只期望进行"纸面合规"而非以此传递合规价值,而正确的合规承诺多种多样,如西门子《商业行为准则》中"西门子在全世界范围内都主张只做清廉的业务"③,又如空客公司《空中客车行为准则》中"空客对任何形式的贿赂或以权谋利决不姑息"④。

第三,合规承诺遵循的法律条款表达过于笼统,出现如"员工需遵循某国及其他国家的所有法律"的表达,研究者较一致地认为,该表述至少应当

① See *Developing a Code of Conduct: A Step-By-Step Guide*, Light House (Nov. 7, 2013), https://www.lighthouse-services.com/documents/Developing%20a%20Code%20of%20Conduct%20%5BA%20Step-by-Step%20Guide%5D.pdf (last visited on November 8, 2021).

② See Carole Basri, *Corporate Compliance*, Carolina Academic Press, 2017, p. 181.

③ 《商业行为准则》,https://new.siemens.com/cn/zh/company/sustainability/compliance.html,2022年2月8日访问。

④ 《空中客车行为准则》,AIRBUS,https://assets.new.siemens.com/siemens/assets/api/uuid:228cac66-0736-4d90-96e7-17c089b062e6/siemens-mercial-behavier-rules-v12-190314.pdf.,2022年2月8日访问。

包含具体涉及的主要法律部门或文件，否则员工将无从遵从。[①]

第四，版本语言不匹配或版本更新不及时。对于绝大多数大型、跨国企业而言，他们需要准备符合其主要经营地区语言差异的不同版本的章程，以便各国员工予以了解。而且，随着各地法律的演进和企业经营领域的变迁，合规章程的版本更新情况也能在一定程度上体现合规工作的现实有效性。

此外，也有一些企业的合规章程在结尾包含一页"知情声明表"，要求员工们在阅读合规章程或接受合规培训之后签署并上交，但其实际效力存疑，目前没有法律规定肯定或否定签名承诺合规的法律效果。

三、合规组织

所谓合规组织，就是指企业安排的负责合规工作的人。企业合规计划最重要的就是有"合规官"，即有人负责落实合规相关的政策和工作。合规组织体系的中心就是"合规部门"。在大企业中，其由多位合规官组成，受合规委员会和首席合规官的领导；在中小微企业中，合规的管理和执行工作经常由一人（合规官）负责，直接向首席执行官或董事会汇报工作。

然而，"合规部门""合规官"只是合规组织体系的纽带，合规组织体系的形成需要管理层和业务部门的全面加入。首先，管理层需要有明确的合规承诺，实践中经常体现为"总裁的一封信""董事会合规声明"等形式并被包含在合规章程之中，阐明企业对于构建合规体系和落实合规工作的重视。还需组成合规管理委员会，由总裁或副总裁、首席合规官、各个业务部门总经理等高级管理人员组成，联合统筹企业的内审、内控、业务等资源，组织一些具体的合规工作，如形成临时合规缉查小组对重大合规风险事件进行调查、对合规部门的工作进行年度审查等。其次，合规部门需要形成详细的合规工作细则，合规章程、管理层承诺通常难以将每一个合规工作的重点详尽表述，这时就需要以合规官牵头的合规部门结合各个业务部门的风险点建立合规工作的具体实施办法，包括设计合规培训细节、明确商务招待的基本标准、确定礼

① See Carole Basri, *Corporate Compliance*, Carolina Academic Press, 2017.

物赠送的审批流程、形成慈善捐赠的基本规则等。最后,业务部门要对其落实合规工作的职责有充分认识,业务部门中的合规负责人或合规联络人须与合规部门保持常态化的工作沟通,定期汇报该部门开展合规工作的实际情况。这样的组织结构被称为合规的"三道防线",①其实践形态基本如图1-1中兴公司的规定所示。

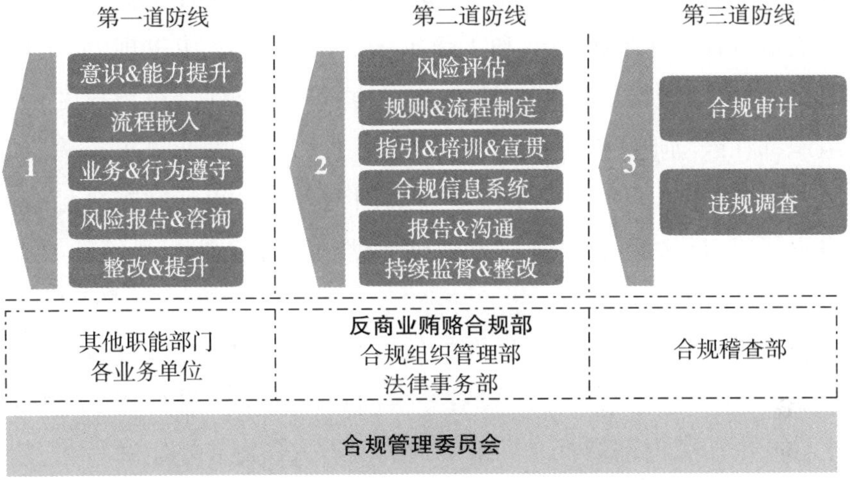

图1-1　中兴公司反腐败合规手册

资料来源:https://www.zte.com.cn/china/about/trust-center/Legal-and-Compliance/201910081604.html。

企业选任的合规官应当具备的履职基本能力包括:基本的法律知识储备,能清楚地理解外部法律要求,在企业管理、企业经营方面有一定经验。因此,除了保障合规人员充足、设置合规组织以外,合规人员的薪酬、绩效机制、晋升路径等也应当合理设置,避免合规部门成为企业闲散人员的聚集地,影响企业合规的有效性。

▶ 四、违规举报制度

在企业内部,保障信息的流通是实现所有形式管理的前提,企业内信息

---

① See Alan Brener, *Strategies for Compliance*, Routledge, 2021, p.93.

的流动分为两种：一是自上而下，从管理层到各部门员工；二是自下而上，从底层员工到决策层。合规工作需要贯穿两种信息流动程序，前者较容易实现，通过日常工作管理、工作审批、各类培训等均可以实现，而后者则更易在企业的日常管理体系中缺失，这使违规举报机制成为合规体系的核心之一。

当前，所有域外的有效合规标准都包含举报机制以及确保举报现实有效的调查和处罚程序。这主要是为了切割企业与违法犯罪个人间的利益联系，建立全面抵制违法犯罪的经营和工作氛围。例如，当员工发现，如果偷偷地欺诈自己的客户，获得更多的业绩表现，会被同事羡慕，会被领导赞赏，似乎整个组织都在鼓励他实施违法犯罪行为，那么他就极可能再次违法犯罪，甚至最终“酿成大患”。相反，当员工发现周围到处都是可能举报自己的同事，领导也不赞成自己“搞小动作”，那么员工就很可能会从一开始就放弃违法犯罪行为。

违规举报机制也包含风险事件的后续调查和奖惩制度。在企业接到匿名举报之后，企业自然而然地需要对举报内容的真实性进行查证，由合规负责人主导开展相关内部调查。如果发现确实有人实施了不正常行为，就要依据行为的本质属性进行区别处理。如果员工只是犯了小错，如轻微地违反了企业内部的员工规章，那么企业就应当依据内部规定对其采取警告、降薪、停止晋升等措施。如果员工行为已经构成违法犯罪，那么企业在依据内部规则处罚员工（通常是辞退员工）的同时，还须将该事件向国家监管机关报告，全面配合执法和司法活动。

建立违规举报机制应当遵循以下两项原则：

第一，举报信息畅通原则。举报机制应当能够使底层员工的信息有效传达给企业高级管理层，这通常需要越级报告。例如，如果员工只能将发现的违法违规事件举报给其上司，那么当上司也参与或涉及该事件时，该事件显然不仅不会得到妥善解决，员工还面临着被报复和被排挤的风险。所以，最佳的举报路径是越级举报，排除风险实践所可能涉及的直系领导。实践中，常见的举报机制工具包括设置举报邮箱、举报电话，也有许多企业建立了员工可以直接与任何高层取得联系的交流系统。

第二，举报人信息保密原则。员工敢于举报的基本前提是，举报人能够在免于被知晓、被报复的情况下提供违法相关信息。在我国,有一些企业有保护“吹哨人”的优秀示范。例如,中兴公司为避免内部缉查组织对举报人员信息的泄露,更是直接委托外部第三方律所处理举报信息,在加密后或修正后再传达给直接负责事件调查的人,甚至在特殊情况下,举报人有权直接向外部执法机关举报违法犯罪事项。

▶ 五、合规培训制度

合规培训的目的在于,使员工理解法律法规、内部政策的基本要求,并能够在他们日常履职的过程中符合这些要求。合规培训的难点,在于建立能够被员工从内心接受的、真实有效的、不浪费实践的合规培训方案,这需要依据员工的岗位差异、职能分配、行为习惯等建立差异化的培训方式、培训内容、培训时长。一般来看,定期的、无差别的合规培训只会被员工当作浪费时间的“消遣”。

有效的合规培训应当包含以下三个部分:

第一,实施培训工作。合规培训工作的开展应当以“全覆盖”为原则,即不仅对员工进行培训,也要对企业的管理层进行相应的培训,包括董事、监事、总裁等企业执行层面的重要人员。培训的内容需要以简单易懂的方式进行设计,一般以企业合规章程的基本内容为基础展开相关实施细则。

第二,验证培训效果。合规测验是保障合规培训有效性的必要途径,常见的方式有员工在线答题、场景模拟考试、组织内部合规知识竞赛等。在合规培训制度建设中,要警惕只注重实施培训工作而忽略了验证合规培训效果层面的风险。

第三,提供合规咨询。企业也应当将合规培训贯彻于日常运营当中,建立灵活的合规咨询制度,由合规负责人及相关专家在员工遇到合规实践难题时提供必要的咨询和建议。通常,员工们在工作中会遇到一些棘手的情况,当其认为行为可能具有合规风险时,就必须有人为其解答应怎么做。

实践中,大型企业常见的合规培训方式是以教学视频为基础设计线上培训课程,以真实工作场景为基础虚拟人物可能面临的合规难题并为其指引解决途径，也有些视频结尾直接设计了答题环节，以便直接测试合规培训的初步效果。[①] 在中小微企业中，面对面的合规培训仍然十分常见，企业高管、合规负责人员以开展员工谈话、入职培训、员工手册培训等方式将合规的内容纳入，但这类合规培训方式须特别注重保障过程的规范性，培训周期、培训内容、培训经过等均应记录在案，也要额外设计测试培训效果的程序。

▶ 六、第三方管理制度

许多企业的违法犯罪风险系由其外部第三方带来的，这些第三方，指的是与该企业存在法律关系的机构或个人，通常包括子公司、分公司、供应商、分销商、代理方、合作方等。

但是，任何企业都不可能对其每一个合作第三方建立全面的合规管理体系，因此，企业需要在风险评估环节就对第三方伙伴的合规风险情况进行评估，基于风险评估的结果和对企业合规资源的衡量选择其中的一类或个别第三方进行重点管理、投入合规资源。须综合考虑各类因素作出决定，这些因素一般包括企业对第三方的管控能力、企业与第三方的关系、第三方合作对企业经营的重要性、企业和第三方所适用的法律、法律对于企业承担第三方行为责任的规定等。[②]

企业管理第三方的制度设计通常分为以下三个步骤：

第一，在法律关系成立前需有适当的尽职调查程序，即当企业与其他主体签署合同、形成业务关联时，需要充分审查目标主体是否存在违反合规管理的风险。例如，审查目标主体是否具有相应的资质、是否曾经有违法犯罪记录、业务执行是否规范等。还有一些大型企业对其合作伙伴建立了黑名单制度，将一些存在违法犯罪风险、行业声誉较差的企业或个人排除在业务范围之外。

第二，在法律关系成立时须明确第三方行为准则，即企业在与合作方达

---

① See Alan Brener, *Strategies for Compliance*, Routledge, 2021, p. 168.

② See Carole Basri, *Corporate Compliance*, Carolina Academic Press, 2017, p. 871.

成合意、签署合同时明确对第三方的合规管理规定,如明确禁止第三方以企业名义从事商业贿赂行为。例如,西门子就制定了《供应商和第三方中间人行为准则手册》和《供应商和第三方中间人行为准则合同附件》,要求第三方在与西门子达成合作时同时签署或明示认同两份文件的规定内容。[①]

第三,在法律关系存续期间的合规监管,即在企业与第三方代理、合作等关系的存续期间,企业可以通过听取第三方汇报、走访第三方等方式了解其合规执行情况,如果发现违法犯罪风险则及时解除法律关系。

① See *Responsible Behavior Compliance at Siemens*, Siemens (December 2016), http://www.siemens.sk/download/web/responsible-business-behavior-compliance-at-siemens_EN.pdf.

第二章
我国为什么要推动企业合规？

2018 年至今,法律领域和管理领域均反复出现新词汇“合规”。无论从国家法律制度建设层面,还是从商业文化治理层面,我国都在全面推动企业合规改革,推动企业建立具有自主防范违法犯罪风险的内部管理体系,以企业的法律自治推动社会共荣。最初,企业合规改革主要是一场由检察机关主导的刑事司法改革,也被称为“合规不起诉”改革。但时至今日,行政监管机关、行业协会等市场相关机构已经全面参与进来,企业合规改革已成为一场国家治理层面的综合改革。

2021 年 3 月 11 日,第十三届全国人大第四次会议表决通过了《中华人民共和国国民经济和社会发展第十四个五年规划和 2035 年远景目标纲要》,其中两次提及合规问题:第一次是在第四篇“形成强大国内市场　构建新发展格局”第十三章“促进国内国际双循环”中提到“引导企业加强合规管理,防范化解境外政治、经济、安全等各类风险”;第二次是在第六篇“全面深化改革　构建高水平社会主义市场经济体制”第十九章“激发各类市场主体活力”中提到“推动民营企业守法合规经营,鼓励民营企业积极履行社会责任、参与社会公益和慈善事业”。可见,企业合规改革已经逐渐开始由中央统筹推动,并作为国家治理现代化、涉外法治卓越化、市场生态健康化的重要举措和创新内涵。

前章已经将企业合规的基本内涵呈现,本章从国家治理的层面阐释我国为何要将企业合规改革作为重要的发展战略,预测企业合规改革未来的发展方向。站在国家治理的视角,明确企业合规改革现在以及未来能够为国家、企业、市场、公众带来哪些切实可见的利益。

第一节 国家治理现代化需要合规

国家治理现代化需要推动企业合规改革。2013 年 11 月,党的十八届三中全会提出“国家治理体系和治理能力现代化”的重大命题。该命题被简称为“国家治理现代化”,是我国继“工业、农业、国防和科学技术四个现代化”之后的“第五化”,其本质上强调,从以政府为中心的统一计划管理,变为社会协同的多元化管理,优化配置社会资源。[①] 2019 年 10 月,习近平总书记强调,“坚持和完善中国特色社会主义制度、推进国家治理体系和治理能力现代化”,国家治理现代化也正式成为习近平法治思想的重要组成部分。[②]

当前,企业的经营模式从“以人和钱为中心”向“以管理制度为中心”的现代化转型,这是实现国家治理现代化过程中需要解决和应对的问题。在法律的框架内,对于企业行为治理的问题,国家治理现代化正在落实两项工作:第一,在企业行为监管方面,国家治理方式转向激发企业自主协作精神的“合作式监管”;第二,在企业违法犯罪案件处理方面,国家治理思路转向注重长期治理效果的“依法从宽”。这两项工作是社会主义市场经济制度发展产生的新需要,而二者的有效实现都需要融入合规。

▶ 一、企业经营模式现代化推动合规

在很长的历史时期中,大多数企业采取小作坊式的生产和经营模式,人员数量少、经营规模小,主要从事一种或两种单一的业务,经营和管理完全依

---

① 参见白少康:《坚持在法治轨道上推进国家治理体系和治理能力现代化》,载《人民日报》2021 年 3 月 2 日,第 13 版。

② 参见卓泽渊:《习近平法治思想要义的法理解读》,载《中国法学》2021 年第 1 期。

赖个别企业家个人的统筹。在企业数量不多、涉及社会利益群体不广的情况下，国家“单项式监管”的办案方式能够有效地解决绝大多数的企业治理问题。

但是，随着市场经济的成熟化发展，企业经营模式发生转变，从依赖个人统筹向依赖管理制度转型。企业数量迅速增长，规模逐渐增大，出现了动辄数万人的大型企业，而且这些企业的经营领域可能同时涉及互联网平台运营、科技产品生产、物流配送、金融交易、教育、医疗等。在这些企业中，依赖个别企业家的个人统筹已经无法实现有效管理。企业的高效运转开始依赖于管理团队和常规化的管理制度，董事会、监事会、各类委员会需要以集体决策的方式对重大事项进行处理，企业成为“以管理制度为中心”的缩放社会。在这种社会群体的内部，违法犯罪行为可能被层层掩盖，相关线索难以被外部监管机关发现，有关证据也难以获取。有限的监管资源难以应对日益增长的治理需求。即使执法机关能够突破阻碍，发现企业涉嫌的违法犯罪行为，但案件的处理也非常复杂，许多违法犯罪的错误决策很难准确归咎于企业家个人。可能是个别人员“以企业名义、为企业利益”实施一些危害行为，也有可能是内部某些小团体集体决定实施危害行为，还有可能是企业家因不熟悉诸多经营领域的复杂法律规则而作出错误决定，等等。

源于企业经营模式和违法犯罪行为特征的改变，传统的治理方式呈现乏力，阻碍了营商环境法治化的进程。一方面，监管方式陈旧、监管资源不足等问题造成监管法律规则的稳定性较低、权威性较差。另一方面，有的执法机关的执法方式较为简单和粗放；有的执法人员缺乏进行变通和裁量的制度工具，造就了许多“人有理但法无情”的尴尬局面；有的企业的意愿、受害群体的意愿、公众的意愿在办案过程中没有被充分尊重和理解。

近年来，营商环境法治化逐渐成为我国政治发展、经济发展、法治发展等多个国家治理维度都在反复强调的问题。2021 年 8 月，中共中央、国务院印发的《法治政府建设实施纲要（2021—2025 年）》明确提出要“持续优化法治化营商环境。紧紧围绕贯彻新发展理念、构建新发展格局，打造稳定公平透明、可预期的法治化营商环境”。在企业治理问题上，这些“新”都是在强调，需要对传统治理路径进行反思，探索企业行为监管方式和企业案件处理方式的现代化。

▶ 二、市场监管方式现代化纳入合规

在企业治理问题上,传统的“单项式监管”存在消耗资源多、监管面窄、对抗性强等问题,难以应对日益复杂化和多样化的监管需要。所谓“单项式监管”是指仅由国家执法机关自上而下地、从外部对企业行为进行监管。随着数字经济和技术经济的发展,企业的许多违法犯罪风险更具有内源性和隐蔽性。例如,企业通过算法、区块链、大数据、人工智能等科技建立新型产品,而外部执法者对于技术的掌握程度有限,无法及时提升外部监管能力。总体监管资源的有限性导致一些行业领域、一些行政区域的市场监管不充分的问题。

随着企业数量的增多、企业规模的增大、企业行为的复杂化,单依靠执法者从外部对企业行为进行充分监管已不具有现实可行性,这就需要从企业内部挖掘资源,推动企业主动地加强自我监管。最好的市场监管不是只依靠执法者的外部规制,而是要推动企业形成自律的商业习惯。如一些学者所形容的,应当将国家监管作为一个支点,翘起整改市场的良性自治体系,注重提高企业在预防和发现违法犯罪行为方面的自主性和能动性,逐渐将政府的监管措施隐形化和后备化。① 合规相关制度为实现这一“理想国”提供了一种可操作的思路,即企业优化管理制度,加强对高管、员工、第三方人员违法犯罪行为的内部监管,以此形成公力和私力相配合的高效监管格局。

2022 年 1 月,国务院发布《“十四五”市场监管现代化规划》,面对“市场监管面临的新形势新要求”,应当“创新丰富市场监管工具”,这需要“进一步创新引导市场主体自我规范的监管方式”。虽然该类表述没有直接提及合规,但已经涵盖合规管理的精神内核——企业的自我规范。具体来看,合规蕴含的自我规范功能主要体现在两个方面:第一,事前预防,将常态化监管嵌

① See Rhodes RAW, *The New Governance: Governing without Government*, 44 Political Studies 1996, p.652, 667.

入经营和管理中，降低高管、员工及其他相关自然人实施违法犯罪行为的可能性；第二，事后应对，即使违法犯罪行为已经发生，合规也能够帮助企业尽早发现、尽早调查、尽早解决，配合国家执法机关，将事件的负面影响降到最低。

以比亚迪股份有限公司（以下简称比亚迪）2021 年的“反腐败合规风暴”为例。[①] 比亚迪是一家创立于 1995 年，总部位于中国深圳的新技术民营企业，其经营范围主要涉及 IT、汽车、新能源等产业，现有员工近 20 万人。对这样一个超大型、集团化的企业，在预防违法犯罪方面，外部的国家监管机关能起到的作用有限，须依靠自身建立的合规管理体系。

在事先预防方面，比亚迪开展内部反腐活动已持续数年，建立了较为完整的合规管理结构。例如，在组织架构方面，合规工作由比亚迪审计监察处负责，该部门是公司专门的审计、监察、内控、合规部门，独立于各业务部门开展监督工作，直接向比亚迪董事长汇报，不受其他任何部门、人员的干涉。还如，比亚迪曾于 2019 年 1 月举行高管廉洁自律宣誓仪式，并签署《公司高级管理层廉洁自律承诺书》。再如，比亚迪有透明的“廉洁举报渠道”，专门设置电话、邮箱、公众号，供企业内部员工和外部相关人员进行匿名举报，还为举报人员提供 5000 元～1000 万元人民币不等的奖金。可见，在企业内部，对于腐败类违法犯罪行为的监管机制已经较为健全，具备合规管理体系的基本要素，已经能够让一些居心不良的人“望而却步”。

在事后应对方面，这种反腐败监管帮助比亚迪和政府发现和处理了不少违法犯罪事件。2022 年 1 月 24 日，比亚迪发布消息：2021 年，因违反廉洁合作相关协议，比亚迪对 28 家供应商追究违约责任；查处不廉洁、严重违规员工 94 人；移交公安机关立案侦查 7 起 22 人，依法追究刑事责任。具体而言，以 2021 年第一季度比亚迪通报的典型案例为例：(1) 高级机械工程师廖某，收受供应商回扣；(2) 生产领班段某，与供应商人员打麻将，存在经济往来；(3) 工艺工程师郑某、生产领班余某、生产组长胡某、油漆工张某，与供应商

① 参见《2021 年第一季度典型案例》，载微信公众号“廉洁比亚迪”2021 年 4 月 16 日，https://mp.weixin.qq.com/s/0NYSeNGCJBo6HX2VjNvJHA。

人员打麻将;(4)装备技术中心课题组长廖某,收受供应商贿赂;(5)资源开发工程师古某,违规接受供应商的宴请、礼品;(6)保安李某,涉嫌开设赌场被公安机关刑事拘留,违规接受废料回收商人员的吃请;(7)保安队长沈某、保安组长周某、保安张某,违规接受废料回收商人员的吃请。对于这些行为,比亚迪除给予四级处罚(解除劳动合同)外,还将其信息录入除名查询系统;对违反廉洁合作协议的单位,按协议追究相应责任,对于涉嫌违法犯罪的行为,移交司法机关处理。

总之,随着我国市场监管方式的持续现代化转型,越来越多的企业会在法律的推动下、在合规文化的感染下,自主地加入自我监管和自我规范的阵营,我国的市场监管主体从国家单一中心变为国家、企业、行业协会、公众等多元参与的"合作式监管",高效地调动和适配相关社会资源,最终以更小的成本推动建立高质量的、法治化的、现代化的营商环境。

▶ 三、案件处理方式现代化纳入合规

在当前的时代,传统的严管模式已不再是处理企业案件的好方法,融入了合规的"依法从宽"成为现代化的执法思路。首先,找出企业内部需要对过错负责的个体十分困难,哪个管理层级的员工承担责任才能体现法律意义上的公平正义?这是世界各国法学理论界所争论的焦点,至今尚未形成统一答案。其次,经济制裁和处罚个体的威慑力减弱。罚款和罚金被庞大的利益团体共担和消解。通常,对数万人的企业处罚几百万元、几千万元,乃至上亿元,都不会实际影响股东的分红、高管的绩效、员工的工资等。此时,即使从严处罚了企业内部从事违法犯罪行为的个别人员,还可能有其他人员抱有侥幸心理选择铤而走险,采取相同或相似的行为。与处置财产和处罚个体相比,调整整体赖以生存和运行的管理制度显得更关键。再次,许多企业的违法犯罪行为在一定程度上存在情有可原的一面,"一刀切"的重罚于情理不符。许多企业是在走投无路的情况下才选择从事违法犯罪行为,包括被索贿、受胁迫参与虚假竞标、遵从某些行业潜规则等。在市场经济发展的初期,各国都难免存在监管能力不佳、监管方式不当、监管规则不全等问题,这些因

素是间接导致一些企业有“原罪”的重要原因。从法理和情理上讲，在国家治理现代化的过程中，应当考虑企业违法犯罪问题形成的历史原因，适当给予一些企业“改过自新”的机会。最后，企业命运与社会公共利益联系的紧密程度更高，落实处罚须更加慎重。在域外，安然、世通、安达信等超大型公司倒闭所带来的员工失业、行业衰退、经济危机等问题都值得我们警惕。一个大型企业命运可能会与数万人的就业相关，与数十个关联企业的生存相关，与地区发展和税收相关，甚至与行业经济和国家命运相关。在一些案件中，传统的监管方式非但不能弥补违法犯罪行为对社会的损害，反而可能将重罚后果经由市场和经济链条传导给社会更多无辜的民众。①

总之，站在宏观视角下，相较于严格惩罚整个企业集体，公众更加愿意看到企业矫正后，为社会提供规范化的、可持续的服务。正是基于这种对公众需要的回应，世界范围内各国对企业问题的治理思路正从注重短期处罚结果向注重长期治理效果的“依法从宽”进行转型。但是，这种从宽必须是依法的，是建立在消除企业再犯风险、确保企业长期守法条件下的理性从宽。否则，这种从宽就会造成放纵违法犯罪的不利后果。基于此，我国在国家治理现代化的进程中，开始探索将合规作为从宽的理性依据，纳入立法和实践。

在行政执法领域，2021 年 1 月，中共中央印发《法治中国建设规划（2020—2025）》，提出了依法行政的新要求，要将加强“行政指导”“行政奖励”和“行政和解”等非强制性行政手段的运用，作为“改进和创新执法方式”的重要改革举措。2019 年修订的《中华人民共和国证券法》（以下简称《证券法》）和修订中的《反垄断法》等部门经济行政法律也在积极探索构建合规从宽的制度路径，尝试建立本土化行政和解制度，还颁布了相关领域的企业合规管理指南。实践中，阿里巴巴反垄断案、美团反垄断案等知名案件都在传统的处罚程序后，创新性地探索以制定行政指导意见的方式监督涉嫌违法的企业落实合规整改。

在刑事司法领域，自 2020 年 3 月起，我国的检察机关主导开展企业合规

① 参见孙国祥：《企业合规改革实践的观察与思考》，载《中国刑事法杂志》2021 年第 5 期。

改革,对办理涉企案件提出了落实“严管”与“厚爱”相结合的新思路,将合规作为对涉案企业裁量决定是否起诉的考量因素之一,主张对于犯罪情节轻微且实现有效合规整改的企业能不诉则不诉。2021 年 4 月,最高人民检察院发布《“十四五”时期检察工作发展规划》,再次强调“稳慎试点涉案企业合规管理,依法可不捕、不诉、不判处实刑的涉案企业及其责任人须承诺并践行可管控的整改措施,积极探索中国特色现代企业规制司法制度”。至 2022 年 2 月,检察机关主导的企业合规改革试验已经完成两期,第三期试验将在全国范围内全面开展,为日后刑事法律纳入合规从宽规定的立法修改奠定基础。

第二节　涉外法治卓越化需要合规

《法治中国建设规划(2020—2025)》要求"加强涉外法治工作。适应高水平对外开放工作需要,完善涉外法律和规则体系,补齐短板,提高涉外工作法治化水平"。随着我国企业实力的增强,在中国产品远销海外、中国制造家喻户晓之外,中国企业将全面深化和扩宽"走出去"的方式,包括在海外设立分支机构、拓展海外市场业务、与外国企业达成战略合作。与此同时,随着我国居民生活水平的提高、消费能力的增长,一些著名的外国企业也想进入中国市场。但是,源于国内外法治理念、法治规范等方面的差异,企业和资本的跨境流动存在一定的法律障碍,影响了涉外贸易的发展。然而,无论经济发展程度、法系属性,各国对企业合规问题都达成充分的共识,认可合规能够为企业发展、市场管理、经济进步等带来巨大价值,合规将继续推动我国涉外法治建设向卓越化的程度发展。

▶ 一、合规辅助我国企业"走出去"

《法治中国建设规划(2020—2025)》强调,需"引导对外经贸合作企业加强合规管理,提高法律风险防范意识"。我国一些企业在进入国外和国际市场的过程中,因为对域外法律规则和执法方式缺乏充分认知,吃了不少亏,被罚款、被限制经营、被起诉,甚至被定罪。虽然,一些制裁案件是因为某些外国政府故意打压的政治原因,但也有一些案件是因为我国企业自身经营的问题,特别是不重视合规管理导致的,确实有值得反思之处。

以抖音数据制裁系列案件为例。近年来,我国的短视频平台市场飞速发展,字节跳动有限公司抓住了这一机遇,创造了两款火爆的产品,一是主要面向国内市场的抖音 app,二是主要面向海外市场的 Tiktok app(也被称为抖音国际版)。二者在基础功能方面没有差别,都是为用户提供制作短视频、发布短视频、进行直播、网络交友等机会。根据公开数据显示,Tiktok 的全球月活跃用户量已经超过 10 亿。正是这样一款火爆全球的产品,在推向国际市场的过程中,被美国、英国、爱尔兰、荷兰等多个国家因未成年人数据问题所制裁。2021 年 7 月,荷兰数据保护局对 Tiktok 处以 75 万欧元的罚款。

荷兰数据保护局认为,Tiktok 违反了《通用数据保护条例》(General Data Protection Regulation, GDPR)中要求公司以"简单、透明、可理解和容易获取"的方式传达信息的规定。因为在 2018 年 5 月至 2020 年 7 月,Tiktok 仅向荷兰数据主体(由于 Tiktok 在年轻群体中流行,其中包括大量儿童)提供英文版隐私政策,这意味着 Tiktok 提供的信息无法轻易被 16 岁以下只掌握荷兰语的儿童理解。虽然,Tiktok 设置的弹出窗口增强了透明度,但这一措施并不能替代隐私政策,因为后者才包含了数据控制者有义务提供的所有信息。由此造成的结果是,不会英语的儿童必须主动收集信息才能知晓数据控制者的完整义务,从而增加了儿童未能被及时告知的风险,也背离了弱者保护的原则。Tiktok 还曾经因为未依据域外法律对低龄儿童建立家长同意的个人信息收集而被其他国家制裁。在政治因素影响之外,也正是因为这些有正当法律根据的处罚和整改要求,Tiktok 的数据合规体系才越发完善。

如抖音案件所示,我国一些企业对于域外的法律制度规定未予充分重视,特别是在进出口、反腐败、数据保护等法律规则较为复杂的领域,许多企业没有理解内外法律规定的差异,认为只要满足了国内相关法律的要求就万事大吉。但是,我国在许多领域都仍处在制度探索阶段,如数据保护领域,对于企业相关经营的要求与域外国家有差异,有的国家甚至直接规定了强制合规制度。各国规定的复杂性和差异性,要求企业建立或完善相关领域的合规管理制度,将对域外法律规则的遵守嵌入日常的经营和管理设计当中,避免被域外国家以该国规定处罚或采取更为严厉的制裁措施。

对此,为充分引导有涉外业务的企业在"走出去"的过程中关注合规风险,我国国家发展和改革委员会、外交部、商务部、人民银行、国资委、外汇局、全国工商联共同制定了《企业境外经营合规管理指引》,对涉外经营企业的合规管理体系建设进行基本指导。自此,我国就涉外企业合规的基本价值已经达成基本共识:合规是企业“走出去”行稳致远的前提,合规管理能力是企业国际竞争力的重要方面。

▶ 二、合规吸引外国资本“走进来”

《中华人民共和国国民经济和社会发展第十四个五年规划和2035年远景目标纲要》第十二篇强调“实行高水平对外开放　开拓合作共赢新局面”,表明未来我国的对外开放程度将继续提高,继续推动“一带一路”建设,进一步开放金融市场,优化区域开放布局等。

有一些外资企业对我国情况存在误解,错误地认为进入我国市场后“不违法就难以挣到钱”,积极地与当地官员“搞关系”,但选择从事违法犯罪行为则会被本国或其他国家的执法机关所制裁。基于这样的主观臆断,有些外资企业不敢涉足我国市场。也有一些外资企业虽然没有对我国市场“望而却步”,却在经营中因过分追求业绩而违反合规管理制度,最终自食恶果。

以2013年的葛兰素史克(GSK)案为例。① 英国葛兰素史克公司是药业巨头,全球员工超过5万人,其于1988年开始进入中国市场,成立了多个中国分公司和分支机构。2009年,马某某就任葛兰素史克(中国)投资有限公司处方药事业部总经理后,为了完成总部下达的高额销售增长指标,全面倡导“以销售产品为导向”的经营理念,强调“没有费用,就没有销量”的销售手段,先后组建和扩充了多个销售部门,将贿赂成本预先摊入药品成本,并组织各部门在虚高药价条件下,通过贿赂医院、医生、医疗机构、医药相关协会组织等医药销售相关部门及其所属人员推销药品,牟取非法所得数十亿元。2014年9月,湖南省长沙市中级人民法院依法对葛兰素史克(中国)投资有限公司和马某某等人对非国家工作人员行贿、非国家工作人员受贿案进行不公开开庭审理,判处该公司罚金人民币30亿元,马某某等被告有期徒刑2年至4年。对葛兰素史克(中国)投资有限公司及相关人的处理表明了我国对

① 参见王羽:《中国开出最大罚单　葛兰素史克行贿被罚30亿元　认罪服判　发表声明道歉称已经吸取教训》,载《上海企业》2014年第10期。

形成良好的商业习惯,建立健全合规体系,打造法治的营商环境,形成一个“良币驱除劣币”优秀市场的决心。

2019年2月,习近平总书记主持召开中央全面依法治国委员会第二次会议强调:“法治是最好的营商环境。”随后,我国相继出台了《优化营商环境条例》等若干法律法规,不断推动我国建立和完善公平竞争、蓬勃发展的高质量经济环境。目前,我国正在大力推动企业合规制度的全面建立,这将带动更多企业自主建立有效的合规管理体系,逐渐提高营商环境法治化水平,塑造更为开放化、国际化、现代化的市场环境。

三、合规促进内外法律话语融合

在涉外法治进程中,企业管理最难解决的问题就是联通原本独立的法律话语体系,确保其关联人员的行为不仅符合本国的法律要求,也符合相关国家的法律要求。对此,纳入合规的监管和执法制度为解决这些法律分歧提供了一种共识化的渠道,即将错与对的问题先搁置,遵循共商共建共享原则,探寻和平解决各类摩擦。

中兴公司事件曾在我国颇受争议,核心原因就是中美两国对中兴公司是否构成违法犯罪的问题存在强烈分歧。中兴公司从事的贸易行为是向伊朗出口芯片,该行为本身在我国法律意义上不具有可责性,认为其属于正常的商贸行为,以往中兴公司也一直在与伊朗企业进行芯片业务合作。在很长的时间里,这类贸易行为也根本不会引起美国执法机关的关注。但是,美国与伊朗间的国家关系发生了急速转变,美国特别颁布了《伊朗制裁法案》,开始禁止各国企业向伊朗出口带有一定比例美国技术的产品,这使中兴公司向伊朗出口的行为在美国法律意义上转变为违法犯罪行为。此时,根源于立场的差异,在我国公众的眼中,美国制裁伊朗是其两国之间的事情,我国企业继续原本的贸易行为没有错误,不具有道义上的可责性。因此,在美国开始追究中兴公司责任之时,存在许多声音认为这是一场针对我国企业的无理制裁。在跨国贸易中,相似的情形还有许多,根源于各国政治立场和法律观念的差异,许多企业的行为难以严格界定“善与恶”,也无法精确区分

"好与坏"。

此时,合规为这类法律纠纷提供了一个和平解决的路径。即使各国对于企业应当与谁进行贸易、如何进行贸易的问题存在法律分歧,但都基本认可了合规的正当性:要求企业通过加强内部管理,提升遵循各国法律规定的能力和水平。正是基于这种对合规价值的普遍认可,合规制度在产生之后迅速在全球范围内扩大,美国、英国、法国、加拿大、澳大利亚等国家均建立了以合规为中心的法律制度体系,我国也正逐步建立法律话语体系。以制度体系中签署暂缓起诉协议(Deferred Prosecution Agreement, DPA)的实践情况为例,一般而言,在检察机关与涉罪企业达成暂缓起诉协议时,涉罪企业无须作出认罪声明,只要承认一些关键的案件事实,再结合缴纳罚款、进行合规整改、赔偿被害方等承诺,就可以进入约定的考验期。考验期满后,若涉罪企业能够满足包括落实有效合规整改的各项要求,那么检察机关则放弃后续的追诉程序、完全撤案,企业在事实上被免于定罪。当前,随着数字经济、商业互联等技术的发展,企业从事危害行为可能危害到许多国家或地区的实际利益,因此各国纷纷开始建立具有"长臂管辖"功能的执法制度。实践中,跨国企业案件面临的行为法律定性分歧越来越多。此时,以合规为核心的执法制度能够为各国提供一条"搁置争议、共同发展"的法治化路径,既能避免国家间的矛盾激化,及时补偿违法犯罪行为给社会公共利益、人类共同利益所带来的损害,又能通过要求企业进行合规整改降低同类行为的再犯风险。在国际贸易的许多涉企案件中,协商式执法的效果往往优于强权式执法,与其纠结于企业过去的行为属性,不如以合规矫正企业未来的行为方式。

站在我国的视角下,在解决企业案件涉外法律纠纷时,合规是能够丰富我国应对复杂国际环境的法律手段。随着我国企业实力和经营能力的增强,外国政府更容易将我国企业纳入制裁和执法的视野。例如,我国的中国联合网络通信集团有限公司(中国联通)已经在美国合法合规运营了近 20 年的时间,但于 2022 年 1 月 27 日被美国政府终止在美国境内的通信服务授权,要求其 2 个月内停止一切服务,理由是中国联通受到了中国政府的控制和利用而从事“间谍活动”,并没有给出具体的证据支持该指控。① 这类套用国家安全、政治安全、意识形态等借口,对中国通信技术企业、高科技产业企业进行无理制裁和非法打压的案件数量越来越多。对此,我国于 2021 年 6 月颁布《中华人民共和国反外国制裁法》,致力于建立反制裁、反干涉、反制长臂管辖等制度措施,充实了应对挑战、防范风险的法律“工具箱”。但对那些相对合理、于法有据、无恶意的企业案件,我国仍然缺乏妥善应对的法律途径,需要引入合规相关制度。例如,当我国企业按照域外国家规定存在经营不善、违反规范的法律过错,但相对合理时,可以以合规为条件,与域外国家进行执法协商,寻求互利共赢的解决方案。同理,当一些外国企业在华涉嫌违法犯罪时,其经常会以我国法律制度规定不合理、处罚结果不正当、执法系统非法治等为借口对抗执法机关,拒绝配合我国执法,即使我国最终对他们作出处罚决定或判决,也会面临执行难的问题。这时,如果我国能提供一条有机会协商和解、达成合规共识的法律路径,那么更容易责成外国企业配合执法,在协商的基础上建立非对抗性的合规方案,帮助外国企业继续融入本土市场。

总之,基于各国对企业合规正面价值的共识,合规作为联通内外法律话语体系的工具,促使各国在对错认识不一样、法律规定不一样、执法制度不一样的情况下,也能找出解决企业案件纠纷的合理路径。

---

① 参见《借口国安风险,中国联通美国子公司被勒令 60 天内停止在美业务》,载新浪网,http://finance. sina. com. cn/chanjing/gsnews/2022 - 01 - 28/doc-ikyakumy3094305. shtml。

第三节　市场生态健康化需要合规

在过去的数年间，我国市场生态状况不断提升，但仍然存在一些亟待解决的陈旧问题，主要可以归纳为：第一，一些企业经营管理模式粗放，特别是许多民营企业、中小微企业等没有跟上经营模式现代化转型的步伐，导致不守法和不合规问题频发；第二，一些资本无序扩张破坏市场秩序，互联网平台、尖端科技领域巨头企业涉嫌行业垄断或技术垄断行为，损害了市场的科技创新能力和公平竞争机制；第三，新兴数字经济领域风险防控难，依靠区块链、算法、大数据等技术的虚拟货币产品、智能投顾产品等冲击传统市场秩序，给国家监管带来了技术性难题。在这种社会和市场背景下，监管和执法也需要引入合规作为新时代的创新法律手段，作为解决陈旧问题、应对全新挑战的智慧措施，促进我国市场经济和市场生态继续向健康化发展。

▶ 一、矫正企业粗放的经营和管理

目前，虽然许多大型的央企和国企已经实现了经营管理现代化转型，并开始进行合规管理体系建设，但我国的一些民营企业和中小微企业，仍然保留了较为粗放的经营和管理模式。实践中，涉嫌违法犯罪的企业大多也是这些经营和管理模式中有风险的企业。

这种风险一般表现在三个方面。第一，企业的管理结构失灵，仍有许多企业简单地依靠个别企业家的个人统筹，虽然可能具备董事会、监事会等公司管理组织，但从未召开这些会议，或者这些会议只是走形式地确认董事长、总经理的个人决策，股东、员工、高管等都无法制约企业家。在这种情况下，企业家作为实际控制人，能够不受约束地作出任何决策，这就加大了企业违法犯罪的风险。如有学者所批判："从事科技业务的 A 上市公司，董事长架

空了由九名董事组成的董事会，极少召开董事会会议，自行决定引入职业经理人，将决策权、经营权和财务管理权进行全面放权，导致董事会对经营活动的失控，职业经理人及其聘用的团队全面接管企业，在不受制约的情况下实施了违规披露重要信息行为，导致该董事长和管理人员被立案侦查，该企业也涉嫌犯有违规披露重要信息罪。”①权利不受约束就必然会被滥用，管理结构的失灵必然将企业置于风险之中。第二，企业的规章制度缺失，有许多民营企业、中小微企业根本没有建立必要的规章制度，或者规章制度存在陈旧且过时的现象，在企业经营和管理层面根本“无法可依”，导致了一些员工可以轻松地实施和掩盖违法犯罪行为。做假账、吃回扣、送红包等违法犯罪行为被当作商业习惯，缺乏企业管理制度层面的约束和制止。第三，轻视法律合规事务，很多涉嫌违法犯罪的企业都采取业务至上、技术优先的经营理念，以重金聘请科学技术人才，却忽视法律合规事务的价值。有的企业完全没有法务合规人员，或者法务合规在公司内部的地位过低，没有办法发挥对任意经营管理的矫正作用。例如，许多企业的董事会组成人员中没有任何人懂法律，法务及合规负责人员只负责执行管理层决策，没有提出异议的权利，即便发现相关违法犯罪风险，也没有渠道通知和制止企业管理层。导致许多企业因法律知识的缺乏而从事串通投标、侵犯知识产权、虚开发票等违法犯罪行为，在“东窗事发”后才恍然大悟、追悔莫及。

建立合规管理体系，能够帮助管理水平相对滞后的企业去除风险。第一，合规具有激活企业管理结构的作用。企业建立有效的合规管理体系，会形成经营和管理的新要求，具体包括董事会、监事会、经理层、员工等共担合规责任、进行合规承诺、培养合规文化。例如，许多企业在建立合规管理体系后，需要定期召开合规委员会，合规部门也会定期向董事长或董事会汇报合规工作情况，在一定程度上倒逼企业召开董事会、倒逼企业家思考合规管理问题。合规是企业经营和管理中的“强心剂”，许多企业在建立合规管理体系后全面提升了“精气神”，以规范意识和良善商业文化逐渐推动企业实现现代化的经营和管理转型。第二，合规能够帮助企业健全规章。建立合规管

① 陈瑞华：《企业有效合规整改的基本思路》，载《政法论坛》2022年第1期。

理体系首要的任务就是形成一份合规章程，将什么是违法犯罪、违规行为带来的直接后果等内容落实到书面，提醒各个层级的员工在日常工作中关注自身的行为。在有规章制度充分提示法律风险的前提下，有“胆量”选择从事违法犯罪的人数自然会降低。第三，合规为企业经营提供必要的法律保障。企业建立合规管理体系的关键要素之一就是要任命合规负责人，有合规部或有合规官，这些人员要能够就合规事项直接向管理层汇报，甚至还可以建立违规“一票否决”制度，即首席合规官可以对董事会的决议进行法律风险审查，直接否决那些涉嫌违法犯罪的业务或行为。这属于将“合规意识”嵌入公司的“大脑”，避免形成违法犯罪意图。

要推动我国的民营企业、中小微企业实现管理现代化转型，最为高效且便捷的手段，就是通过强制合规制度、合规激励制度、合规指导制度等外在法律制度让这些企业看到合规所能带来的好处，认识合规的商业价值、法律价值、文化价值，推动他们建立有效的合规管理体系。这种合规管理体系会反哺企业的其他管理体系，带动战略管理、财务管理、人力管理、技术管理等全面升级。

▶ 二、引导资本和市场有序发展

我国的经济增长方式正在从粗放型向集约型转变，一些“跑马圈地”式的无序资本扩张即将被全面禁止，旨在建立公平竞争、鼓励创新的市场环境。合规就是一种国家引导资本有序发展的重要手段，通过告诉企业什么是对的行为，引导企业形成良好的商业模式，潜移默化地影响规范市场。近年来，我国反垄断领域的合规制度建设就是最显著的例子。综观各国，企业行为的严格规范、合规制度的全面建设都是从反垄断这一专项法律领域开始的。这是因为，随着市场资本规模的增大，随着巨头企业数量的增加，最显著威胁市场机制、损害社会公共利益的企业垄断行为也随之增加。

一方面，允许企业实施垄断行为，就是将市场的“定价权”交给少数资本家，容易加剧社会不公、激化矛盾。抢占市场份额，提高产品价格以获得盈利，是粗放型经济模式下企业经常采取的竞争手段，但对于一些占据市场份额较大、产品可替代性较低的企业,这种行为会最终导致产品溢价过高,进而构成从公众或少数弱势群体那里“抢钱”,甚至会间接影响国计民生。以我国的复方利血平案为例。[①] 复方利血平是列入国家基本药物目录的抗高血压药,全国目前有上千万高血压患者长期依赖此药,年消费量为 80 亿 ~ 90 亿片。当时我国仅有两家企业正常生产复方利血平的主要原料药盐酸异丙嗪。2011 年 6 月 9 日,山东顺通公司和山东华新公司两家公司分别与两家盐酸异丙嗪生产企业签订《产品代理销售协议书》,垄断了盐酸异丙嗪在国内的销售。协议书内容主要有:一是两公司分别独家代理两家企业生产的盐酸异丙嗪在国内的销售;二是未经过山东顺通公司、山东华新公司授权,这两家企业不得向第三方发货。两公司控制原料药货源后,立刻将销售价格由每千克不足 200 元提高到 300 ~ 1350 元不等。多家复方利血平生产企业无法承受货源上涨,被迫于 2011 年 7 月全面停产,仅靠库存向医疗机构维持供货,市场已经出现供应紧张的情况。山东顺通公司和山东华新公司两家公司违法行为情节严重,性质恶劣,国家发展和改革委员会依据《反垄断法》的规定,责令两公司立即停止违法行为,解除与盐酸异丙嗪生产企业签订的销售协议;对山东顺通公司没收违法所得并处罚款合计 687.7 万元,对山东华新公司没收违法所得并处罚款合计 15.26 万元。多年以来,“复方利血平”类似的案件屡见不鲜,在国家缺乏垄断行为规制和执法制裁的情况下,有的企业在占据定价权之后,受暴利驱使,难以尊重市场规律、自主保障消费者权益。

另一方面,允许企业实施垄断行为,就是间接地限制了市场的创新能力,可能进一步阻碍人类科技的进步。企业在成为巨头、掌握资本之后就具有了打压其他企业的能力,如果发现其他规模较小的企业创造了产品,那么就可以迅速制作竞品,然后再以强大的用户和资本优势对原创企业进行碾压。原创企业只能选择“屈服”,低价将创新产品卖给巨头企业,或者只能在排挤中走向破产。久而久之,创新成为巨头企业的专利,其他企业丧失了创新的热情,最终导致行业的技术发展走向僵化。以著名的微软和网景浏览器之争为

① 参见《两医药公司垄断复方利血平原料药受到严厉处罚》,载中国政府网,http://www.gov.cn/gzdt/2011-11/14/content_1992667.htm。

例。①1994年,网景公司推出了网景浏览器,这款浏览器拥有比较好的用户体验,获得了客户、股民和投资人的青睐。1995年,网景上市后,当天的股价从28美元涨到75美元。随后,微软公司利用Windows操作系统垄断的优势,捆绑销售自己的IE浏览器。在微软推出IE 4.0之后,其性能和体验已经非常接近网景浏览器。在用户体验相当的情况下,微软将Windows操作系统和IE浏览器捆绑销售的做法展示了巨大的威力。大部分用户使用Windows自带的IE浏览器,而不会去下载网景的浏览器。最终,网景公司创始人马克·安德森不得不把公司卖给美国在线。在缺乏反垄断法律规制的情况下,每一个巨头企业都可能在利益的诱惑下成为"微软",每一个新兴科技企业也都难免面临成为"网景"的命运,这将给科技创新带来巨大的灾难。

因此,随着资本和市场的迅速发展,反垄断立法、反垄断执法、反垄断合规都成为各国率先关注的焦点。我国在加入反垄断合规制度的建设过程中,包括腾讯、阿里巴巴、哔哩哔哩等在内的多家企业接连遭受反垄断制裁,被要求进行合规整改。《"十四五"市场监管现代化规划》强调,要"加强市场秩序综合治理,营造公平竞争市场环境",特别是"加强平台经济、科技创新、信息安全、民生保障等重点领域反垄断和反不正当竞争执法,防止资本无序扩张"。《经营者反垄断合规指南》出台,《反垄断法》修改,都标志着我国已经进入反垄断合规治理阶段,从外向型的反垄断合规治理向推动企业建立内向型的合规管理体系转型,优化配置监管和执法资源。只有企业在发展的过程中警惕垄断行为,在形成了垄断风险的情况下,积极建立反垄断合规管理体系,才能符合国家的大局观、符合社会的公共利益需要,进而成为可持续发展的有益资本。

▶ 三、防控数字经济领域新型风险

当前,"数字经济"已成为一个新词和热词。讨论数字经济时代下的法律制度完善,成为一个新兴的学术热点话题。"数字经济是以大数据、智能

---

① 参见吴小波:《微软与网景的浏览器之争》,载《新财经》2002年第9期。

算法、算力平台三大要素为基础的一种新兴经济形态,它以算力平台为基础,运用智能算法对大数据进行存储、处理、分析和知识发现等,进而服务于各行业的资源优化配置和转型升级,促进经济的高质量发展。”[①]区块链技术、云技术、5G 技术、AI 技术、元宇宙技术等引领了新的经济产品,创造了新型经济增长收益,极大地改变了人们的生活。例如,以往我们出门需要随身携带证件、钥匙、手机、钱包等,而现在一部联网智能手机就能解决日常生活的所有需求,包括外卖点餐、扫码骑行、扫码付款、打网约车、网上办公、参加视频会议等。同时,数字经济也带来新挑战,特别是对传统法律规制体系带来冲击,滋生了难以防控的新型法律风险。此时,国家推动企业建立合规制度,能有效助力解决新型法律风险,为数字经济的持续发展保驾护航。

党的十八大以来,党中央高度重视发展数字经济,将其上升为国家战略。党的十八届五中全会提出,实施网络强国战略和国家大数据战略,拓展网络经济空间,促进互联网和经济社会融合发展,支持基于互联网的各类创新。党的十九大提出,推动互联网、大数据、人工智能和实体经济深度融合,建设数字中国、智慧社会。党的十九届五中全会提出,发展数字经济,推进数字产业化和产业数字化,推动数字经济和实体经济深度融合,打造具有国际竞争力的数字产业集群。我国出台了《网络强国战略实施纲要》《数字经济发展战略纲要》,从国家层面部署推动数字经济发展。近年来,我国数字经济发展较快、成就显著。根据 2021 年全球数字经济大会的数据显示,我国数字经济规模已经连续多年位居世界第二。2022 年 1 月,习近平总书记强调要“不断做强做优做大我国数字经济”。[②] 未来,数字产业化和产业数字化两大板块都将持续繁荣。

在数字经济的时代,信息比资本都更具有吸引力,导致企业经营中产成的风险发生了以数据为中心的转型,而数据风险的有效防控更多地依赖企业自主实现数据合规。

以智慧交通所带来的数据风险为例。以前,人们出门乘坐出租时姓名、

---

① 石勇:《数字经济的发展与未来》,载《中国科学院院刊》2022 年第 1 期。

② 参见《习近平:不断做强做优做大我国数字经济》,载中国政府网, http://www.gov.cn/xinwen/2022-01/15/content_5668369.htm。

电话、工作单位均处于保密状态，此时，出租车公司将提升经营能力的战略重点放在提高服务水平、优化汽车设备等方面，没有收集乘客个人信息的意识，缺乏宏观地分析乘客个人信息的记录和计算能力。但是，随着互联网技术的发展，网约车成为新兴的交通运营产品，网约车平台迅速发展，它们借助互联网平台，发展了以客户信息为导向的运营模式。这些公司在乘客使用app进行约车的过程中，要求乘客通过注册账户的方式录入基本个人信息，再通过设置常用联系人、出发地、目的地等方式收集乘客的出行和乘车习惯信息，以此为基础进行分析和优化产品服务，包括推出定向广告，设计个性出行“礼包”，等等。智慧交通的发展已经使人们的生活基本“透明化”，网约车平台公司可以通过分析收集到的乘客数据进行“用户画像”，甚至可以从这些个人信息、常用地址、关联用户等方面分析出所有用户的工作单位、个人收入、家庭结构、社会关系等。

在这样的新型产业结构下，智慧交通所带来的法律风险不仅包括传统的交通安全、车辆质量、经营资质等，还包括数据风险。例如，网约车平台可能通过与境外进行信息交易，或者由于信息存储和保护不足，进而对国家安全造成威胁。再如，网约车平台也可能通过非法收集、传输、买卖个人信息，进而侵犯公民的隐私。这些新兴数据风险的管控给传统法律制度体系带来了挑战。国家的行政监管机关、刑事司法机关在技术掌握方面具有滞后性，因此难以发现潜藏在企业数据行为背后的社会危害风险和违法犯罪风险。例如，当一个网约车平台蓄意通过加密算法的方式隐瞒其收集和分析公民敏感个人信息的事实，那么国家机关可能需要很长时间才能从外部发现端倪，收集证据、进行管控、督促矫正等环节都极具难度。正是基于这样的考虑，在数字经济迅速发展的背景下，各国都着手将数据法律风险管控的责任转移到企业自身，要求掌握数据的企业自行建立相应的合规管理体系，在日常的经营和管理中自查、自纠、自控各项数据风险。

欧盟于2018年出台《通用数据保护条例》，美国加州于2020年出台《加利福尼亚用户隐私法案》（California Consumer Privacy Act, CCPA），要求数据关联型企业必须建立数据合规计划，美国联邦也开始完善数据执法制度，力图从消费者隐私保护和数据安全两方面加大制裁力度，共同推动企业提升数据合规管理水平。谷歌、空客、脸书等知名企业都曾因数据问题被制裁,也都被执法机关要求建立或完善数据合规计划。

为应对数字经济时代的新型风险结构,我国开始通过立法推动企业自主实现有效数据合规。自2017年起,我国陆续出台了三类规范企业数据合规义务的法律法规:第一,以数据责任为核心的法律规定。以《中华人民共和国网络安全法》(以下简称《网络安全法》)、《中华人民共和国数据安全法》(以下简称《数据安全法》)、《中华人民共和国个人信息保护法》(以下简称《个人信息保护法》)三部法律为代表,对相关企业施加明确的数据安全保护责任、个人隐私保护责任等,明确违反责任的处罚方式和处罚额度。其中,值得关注的是,违反《个人信息保护法》的企业可能面临上一年度营业额5%以下的罚款,属于相当严厉的处罚规定。第二,以信息等级为核心的技术性国家标准。在确立企业基本的数据责任以后,基于数据内容的复杂性,我国还发布了以《信息安全技术　个人信息安全规范》《信息安全技术　网络安全等级保护基本要求》《信息安全技术　网络安全等级保护测评要求》等为代表的国家标准,指引企业依据信息的类型和等级认真履行与数据相关的法律责任。第三,以数据合规为核心的管理制度指引。在告知企业有哪些责任、如何在技术上区分信息层级的基础上,我国对企业如何将数据安全和个人信息保护嵌入企业日常的经营和管理作出具体指导,即帮助和指引企业建立有效数据合规计划。在全国层面,有以《互联网个人信息安全保护指南》为代表的文件,探索将法律、安全、管理相融合。在地方层面,有以上海市出台的《企业数据合规指引》为代表的文件,进一步对数据合规管理体系的构建作出细节性指引,建议由董事会直接设立企业合规部门(不建议由法务部门履行合规管理职能),由企业最高管理者作为数据合规的第一责任人。

在数字经济的时代,几乎没有企业能够逃脱数据所带来的法律风险,哪怕是一个再小的公司都可能掌握着海量的用户数据信息。目前,我国以数据类法律风险为核心的合规制度建设仍然处于初级阶段,未来将继续丰富和完善相关规定,使之成为新时代实现国家安全保护、促进企业高质量发展、提高公民生活幸福感的必要举措。

总之,我国已经进入合规建设的时代。从国家利益、公共利益、经济发展等角度出发,我国都将继续推动企业合规发展。在立法层面,以强制和激励两种法律制度推动企业自主建立合规管理体系;在执法层面,将合规作为处理企业案件的必要手段,建立合规从宽、合规监管、合规指导等制度;在管理层面,以出台官方标准和规则的方式引导企业建立有效的合规管理体系,防范经营和发展中的相关法律风险。

第三章
企业建立合规计划有什么用处？

我国推动企业合规改革解决的是国家战略层面的问题，然而，企业是营利性组织，站在企业的角度上，为什么要费钱费时地建立合规计划？换句话说，企业建立合规计划能够为自身带来哪些直观的好处？结合域外经验和国内发展，合规为企业带来的利益主要可以分为三个层面：第一，企业合规能够为企业带来内源性的增益，即企业能够通过建立合规计划提升自身的商业竞争力，进而获得更多的盈利收益；第二，企业合规能够为企业规避外源性的刑事制裁风险，即企业可以通过建立合规计划获得被检察机关决定不起诉或被法院判决无罪、轻刑的机会；第三，企业合规能够为企业规避外源性的行政制裁风险，即企业可以通过建立合规计划而获得与国内行政监管机关或国际组织机构达成和解的机会，也可以据此与这些执法机关协商从宽处罚。

在这种内外利益的联合推动下，美国、英国、加拿大、澳大利亚、法国等国家的大多数行业领军企业都搭建了企业合规管理体系，将合规计划纳入日常的经营和管理，作为"企业管理架构""企业可持续发展""企业社会责任"等项目框架下的重要组成部分。在我国，随着社会主义市场经济的成熟化发展，许多大型企业、国有企业、涉外企业等也已着手建立有效合规计划，并在实质上开始受惠于合规。

第一节　合规提升企业商业价值

在商业社会之中,最早建立合规计划的企业不是受外部国家政策的推动,而是在内在经营发展需求的推动下自觉开始探寻有效的合规管理。因为这些企业发现,有效的合规在长期运行中能够帮助企业提升内在管理效率,进而降低运营成本;还能够帮助企业提升外在的商业信誉,吸引良性投资者和商业合作伙伴,进而提升经营收益。从社会公共利益的角度来看,企业建立合规计划就是最佳的社会责任承担方式,有助于企业的绿色和可持续发展。纵观中外商业历史,企业在进行合规整改、建立合规计划后产值和市值增加的例子屡见不鲜。

▶ 一、合规降低运营成本

在没有合规管理时,许多企业都存在一些运营中的非必要性开销。这实际上增加了企业的经营和管理成本。最直接的例子就是,反腐败合规计划有助于降低企业在"营销招待"方面的开销。在外部商业环境法治化水平较低的市场环境下,一些企业为了获得商业机会而制订了带有行贿性质的超高额"营销招待"方案。其中绝大多数的开销是非必要的,是违反商业目的甚至具有行贿违法犯罪属性的。如果企业建立了反腐败合规计划,为礼品赠送、商业招待、捐赠等环节设立合法的标准,限制营销费用的开销额度,规范营销费用的受益对象,那么企业每年将节约一大笔开销。显然,企业非必要的运营成本会随之降低。

以 2020 年 2 月对空客(Airbus)公司的联合制裁为例。空客公司是一家总部在法国的民航飞机制造国际公司,有全球化的超大行贿计划,利用第三方商业伙伴对许多国家的政府官员、管理机构人员进行贿赂,以便解决其商业中涉及的违法、违规事宜,构成了有史以来最大规模的海外腐败案件。美国司法部以其违反贿赂犯罪有关法律为由,在哥伦比亚地区法院提起了公诉。最终,空客与美国、英国、法国分别签署暂缓起诉协议,缴纳共约 40 亿美元的罚款,其中支付给美国 6 亿美元、法国 24 亿美元、英国 10 亿美元。[①] 在空客案中,绝大多数的贿赂活动都发生在"营销招待"的过程中,包括:空客曾以 5000 万美元资助亚航高管所持有的 F1 车队,希望获得一笔 180 架飞机的订单;为其他航空公司的高管安排夏威夷奢华之旅,并专门设立所谓的"教育"基金;为政府官员举办高尔夫邀请赛和其他社交休闲活动等。在日常的商业活动中,招待客户、安排出行、赠送礼品等开销属于常规的商业成本,但其不能超过法律的限度,不能超过合理标准。虽然这种限度和标准在一定程度上有赖于各个企业依据自身所处的情况进行的调控,但是空客的上述行为显然违反了合理性原则,超过了法律的限度,存在破坏正常市场交易秩序的问题,因此被各国政府指控构成犯罪。在空客依据美国、英国、法国的要求建立反腐败合规计划之后,其在商业招待及营销领域投放的资金急剧降低。这也在一定程度上规范了公司的商业模式,降低了非必要及不合法的运营成本。

非正当的"商业营销"消失,是否真的会影响企业的订单数量,导致企业盈利收入降低? 这是一些企业在非法治商业氛围下的普遍忧虑,但空客集团高层已经意识到该种认知的错误性。在空客案之后,空客集团首席执行官纪尧姆·富里(Guillaume Faury)表示,他相信,经过长期的调查之后,空客公司将建立更强大的合规体系并从中受益。他还坚持认为,建立反腐败合规计划不会使公司在竞争活动中处于劣势,尤其是在腐败风险特别高的地区。"我们希望反腐败合规成为规范,我观察到世界上很多地区的大多数参与者都希望朝这个方向前进。世界真的在变化,并且正在朝这个方向变化。"他还说:"合规性是公司业务的'支柱'之一,也是安全、质量和诚信的目标。我们认为这对业务有所帮助,而不是相反。近年来,在我们致力于将该系统部署到

---

① See Airbus Media, *Airbus Reaches Agreements with French, U. K. and U. S. Authorities*, AIRBUS (31 January 2020), https://www. airbus. com/newsroom/press-releases/en/2020/01/airbus-reaches-agreements-with-french-uk-and-us-authorities. html.

位的时候,已经看到了强大的订单列表,在商业上取得了巨大的成功。”[①]事实也确实如此,在空客集团按照要求建立反腐败合规计划之后,订单数量急速增加。空客 2020 年全年调整后息税前利润为 17 亿欧元,而 2021 年仅前 9 个月调整后息税前利润就为 34 亿欧元。[②]

▶ 二、合规塑造商业优势

为什么空客能够在规范化营销手段后,获得了更多的订单,创造了更高的利润?在较为成熟化的市场体系下,谋求近期的“高危”利益不如寻求长远的商业信誉,这才是企业获取长远商业优势的根本。企业建立合规计划可以通过减少违法犯罪行为发生的次数和概率,全面提升企业在行业内的商业声誉,塑造可以信任的企业形象,吸引更多客户和投资者,使企业获得更多的竞争优势和盈利。这些利益又进一步反向推动企业持续投资完善合规计划,形成良性循环,逐步提升企业的市值。这就是我国学者常提到的:合规打造百年老店。[③] 实践中,我国企业合规不起诉改革之中,也有许多被检察机关要求进行合规整改的企业,在建立有效合规计划之后,展现出了更优异的经营表现,充分呈现了合规的内在商业价值。

江苏省企业合规改革试验案例中的汽车配件公司案就是如此。2016 年 4 月,彭某与上海某公司在没有真实货物往来情况下,让该公司为彭某公司虚开增值税专用发票用于税款抵扣。次年 2 月,税务机关发现彭某涉嫌虚开增值税专用发票,后彭某公司补缴税款及滞纳金。因彭某及其公司的行为已涉嫌犯罪,2020 年 7 月公安机关对其立案侦查。同年 11 月,该案移送丹阳市人民检察院审查起诉,彭某被取保候审。审查起诉期间,承办检察官经多方

---

① 《空客总裁:世界正逐渐开始抵制腐败的行为》,载微信公众号“航空旅”2020 年 2 月 15 日, https://mp.weixin.qq.com/s/ysnG9IFUbleCfQpZ-mBmHA。

② 参见《空中客车发布 2021 年前九个月财报》,载中国民航网 2021 年 10 月 28 日, https://www.caacnews.com.cn/1/88/202/10/t202/1028_1333123.html。

③ 参见孙风娟:《三人谈|专家学者:企业合规制度助力打造“百年老店”》,载最高人民检察院官网, https://www.spp.gov.cn/spp/zdgz/202103/t20210301_510188.shtml。

调查,认为彭某及其公司的行为虽已构成犯罪,但具有自首情节,自愿认罪认罚,并补缴税款及滞纳金,该公司多年来无行政处罚记录及不良征信记录,如果简单地“一诉了之”,将对公司及员工造成巨大的负面影响。承办检察官多次到该公司走访座谈,为公司排查出交易相对方选定把关不严、发票开具流程不规范等法律风险,据此制发刑事风险提示函,建议该企业尝试建立合规制度,前移预防关口,依法合规经营。2021 年 3 月,该院给企业设定 3 个月的整改考察期。在考察期届满时,经第三方组织全面检查、评估和考核后,认定该公司合规建设合格,评估予以通过。公司及公司负责人彭某最终均得到了相对不起诉的处理结果。通过合规建设,公司的经济效益也有极大的提升,2021 年上半年公司订单总额达 738 万元,较 2020 年同期增长 191%。2021 年 11 月,公司订单同比增长超过 119%,订单总额已达 1500 余万元。①

湖北省随州市某食品公司和某专用汽车生产公司的安全事故案也是如此。2020 年,随州市某食品公司和某专用汽车生产公司因发生安全事故,关键岗位人员被刑事立案,对企业生产经营造成重大影响。随州市曾都区人民检察院在充分调查企业实际情况后,依据最高人民检察院关于企业合规改革试点工作的精神,将涉案企业纳入企业合规办案程序予以考察。经过合规整改,两家企业通过了第三方监管团队的合规考察,曾都区人民检察院依法作出不起诉决定。后来公司认真落实企业合规计划,从企业内部治理结构、规章制度、人员管理等方面入手,构建有效的合规组织体系。2021 年第二、第三季度,企业销售收入同比增长 19%,纳税增长 20%,新投入的项目预计增加产值 9 亿元,新增就业岗位 200 余个,这些都是开展合规建设所带来的效益。②

在我国合规不起诉改革的过程中,这类企业从构建合规计划中获取切实可见的经营利益的案件屡见不鲜。这进一步证明,要实现经营能力的优化升级,吸引优质客户,吸引良性投资者,就要先成为一家“合规”企业,以提升商

① 参见卢志坚、杨磊、魏巍:《涉案企业合规建设后,销售额同比大幅增长》,载《检察日报》2021 年 9 月 27 日,第 6 版。

② 参见《开展合规建设回访,助力企业健康发展》,载腾讯网, https://new.qq.com/rain/a/20211127a022vs00。

业信誉和长远竞争力为本,为企业创造恒久的商业优势。

▶ 三、合规承担社会责任

在现代化的市场经济体制下,企业不再被认为是少数股东的利益集合体,也不是员工群体的组合,而是社会利益相关方共同形成的实体。这就意味着,企业在合法经营、创造利益、依法纳税等常规责任之外,还对更广泛的社会群体负有一定的责任和义务。这种社会责任要求企业在其能力范围内,尽力地为社会做一些公益性服务,如捐赠、建立学校、扶持弱势人群、环境保护等。这些社会责任的承担是企业强大的表现,也是企业“良心”的真实写照。实践中,从商业利益的角度考虑,企业承担社会责任也是塑造品牌形象的关键。

有许多研究对企业社会责任所带来的品牌价值进行分析,例如,有学者利用中国的数据研究发现,企业社会责任行为会显著影响消费者的购买决策。也有学者从消费者视角出发度量企业的品牌影响力,并利用结构方程模型和层级回归方法,对企业社会责任与企业品牌影响力的关系进行实证研究。研究结果表明,企业社会责任承诺、水平、时间选择可以显著地提高企业的品牌影响力。① 这些研究都佐证了企业承担社会责任不只是一种公益性的奉献,更能通过在公众心中塑造品牌形象以实现直观的市场份额和经营利益。基于此,绝大多数的国内外企业都将社会责任作为重要的战略发展内容。

以茅台集团公司为例,茅台集团公司主张将社会责任融入其发展基因。无论是 1998 年洪灾、2008 年汶川地震,还是贵州旱灾,玉树、雅安地震,面对天灾,茅台集团义赈救灾从未缺位,仅这 5 次自然灾害,其就捐资超过 7000 万元。2020 年新冠肺炎疫情,茅台集团公司体系累计捐资 1.1 亿元,助力打赢新冠肺炎疫情防控阻击战,这个数字还不包括茅台体系经销商的自发捐赠。2021 年 7 月,河南多地遭遇历史罕见特大水灾,茅台集团捐款 5000 万元

---

① 参见刘许增、曹少鹏:《企业社会责任文献综述》,载《企业管理》2017 年第 4 期。

积极履行社会责任。茅台集团因此两度获得中国慈善领域最高政府奖——“中华慈善奖——最具爱心捐赠企业”。①

但是,相较于捐款、环保、人权保护等企业承担社会责任的传统方面,合规更能体现企业对社会责任的全面承担。例如,对绝大多数的能源消耗型企业来说,花费数百万元资助环保项目固然简单,但企业若能建立环保合规计划,形成绿色化的生产方式,降低污染环境事件发生的概率,那么企业为社会环保增量所带来的利益可能高达数亿元。与其要求企业向外部探寻承担社会责任的方法,不如要求企业通过特定领域的自律和管理,实现高效的社会公共利益维护。更何况合规文化所带来的品牌价值,可以转化为更长远的员工认同感、消费者信任感,进而为企业带来商业利益。

① 参见李铁:《有社会责任　才有企业品牌——企业社会责任的茅台样本》,载《贵州日报》2021 年 12 月 16 日,第 14 版。

第二节　合规有助于减免企业责任

随着合规在我国不断发展,其正在逐渐成为涉罪企业可以减免刑事责任的重要依据。在刑事司法领域,建立合规计划的企业有机会在涉罪后被法院判决无罪,或者被检察机关决定不起诉或从宽处罚。而在行政执法领域,建立合规计划的企业可以获得与部分行政执法机关进行和解协商的机会。

▶ 一、合规增加无罪可能性

合规能够帮助企业切割刑事责任的原理在于,如果企业已建立合规计划,那么可以证明其主观方面无过错,即企业已经尽到对员工及相关个体行为的管控责任,则可考虑不追究其对内部发生的犯罪行为的责任。在我国,虽然刑事法律没有将该规则予以明确,但已经出现了企业以合规免罪的司法案例。

雀巢侵犯公民信息案被称为中国合规无罪第一案。[①] 2011 年至 2013 年 9 月,被告人郑某、杨某分别担任雀巢(中国)有限公司西北区婴儿营养部市务经理、兰州分公司婴儿营养部甘肃区域经理期间,为了抢占市场份额,推销雀巢奶粉,授意该公司兰州分公司婴儿营养部员工被告人杨某某、李某某、杜某某、孙某通过拉关系、支付好处费等手段,多次从兰州大学第一附属医院、兰州军区总医院、兰州兰石医院等多家医院医务人员手中非法获取公民个人信息。其中,被告人郑某、杨某均非法获取公民个人信息 4 万余条,被告人杨某某非法获取公民个人信息 2 万余条,被告人李某某、杜某某、孙某非法获取

① 参见兰州市中级人民法院刑事裁定书,(2017)甘 01 刑终 89 号。

公民个人信息1万条左右。在案件的审理过程中,这几名员工的辩护人主张他们的行为是单位犯罪。其理由是,其完成的是公司交代的任务,是职务行为,营销产品所得的利润也大部分归于公司,应该是雀巢公司的单位犯罪,不应该追究员工个人责任。对此,兰州市中级人民法院认为雀巢公司不构成犯罪,不应承担刑事责任,原因在于其已经就侵犯公民个人信息的犯罪风险进行较充分的管理防范,即存在有效合规计划,决定性的证据包括以下四项:

第一,《雀巢指示》(复印于雀巢公司员工培训教材)、雀巢(中国)有限公司情况说明证实,雀巢公司不允许员工以推销0~12月龄健康婴儿使用的婴儿配方奶粉为目的,直接或间接与孕妇、哺乳妈妈或公众接触。不允许员工未经正当程序及公司批准而主动收集公民个人信息。

第二,雀巢公司工作指标的概念、目标任务、与之相关的信息获取方式等情况显示,建立工作指标的目的不是收集消费者个人信息,工作指标完成的实际效果由中国健康促进与教育协会承办的营养咨询中心通过电访来了解和评估。为完成电访调研,需要用到消费者自愿提供的部分个人信息(如姓名和电话),雀巢公司不允许为此向医务人员支付任何资金或者其他利益。雀巢公司从不允许员工以非法方式收集消费者个人信息,并且从不为此向员工、医务人员提供资金。雀巢公司在《雀巢指示》以及《关于与保健系统关系的图文指引》等文件中明确规定,“对医务专业人员不得进行金钱、物质引诱”。对于这些规定要求,雀巢公司要求所有营养专员接受培训并签署承诺函。

第三,医务渠道在线测试成绩、测试卷、关于在高风险国家与医务专业人员和医疗保健机构交往的指示、员工奖金表证实,被告人郑某、杨某、李某某、杜某某、杨某某、孙某均参加了雀巢公司不允许营养专员向医务人员支付费用获取公民信息的培训、测试。

第四,雀巢公司的政策与指示、《关于与保健系统关系的图文指引》证实,雀巢公司遵守世界卫生组织《国际母乳代用品销售守则》及卫生部门的规定,禁止员工向母亲发放婴儿配方奶粉免费样品,禁止向医务专业人员提供金钱或物质的奖励,以引诱其推销婴儿配方奶粉等。

由此可见,雀巢公司的管理结构基本包含了合规体系要素中的合规章程、合规培训、管理第三方等,这是法院认定其构成有效合规,进而认为该案不构成单位犯罪的法律理由。

所以,对于在中国经营的企业来说,如果能够建立与雀巢公司类似的合规管理体系,就有希望在日常的经营中切割刑事责任,证明自身已经尽到了对员工的管理义务。即使是最优秀的企业管理,也没有办法杜绝其所有员工构成犯罪的可能性,所以只要企业尽到了合理的责任和义务,法院就可能考虑不要求企业承担"无理"的连带法律责任。

▶ 二、合规获得不起诉决定

我国正在进行一场由检察机关主导的企业合规改革,[①]该项改革探索将合规作为对企业从宽处罚的司法依据,即那些有合规计划的企业或愿意在涉罪后建立合规计划的企业,将有机会获得检察机关的不起诉决定。

在详述改革的动态以前,我们必须了解开展这项改革的原因,以深入理解什么是我国检察机关想要达到的效果。这场改革的灵感来源是域外的"审前转处"程序。2007 年美国金融危机时期,司法制度的设计者开始认识到企业定罪会带来巨大的负效应,损害社会公共利益,他们的前车之鉴就是 2002 年的安达信案件。亚瑟·安达信合伙企业曾是美国最大和最成功的会计咨询公司之一,共有 85,000 名员工,年收入超过 93 亿美元。2002 年,安达信公司因其对安然公司的财务报告未尽到审计责任被美国得克萨斯州南部地区法院刑事定罪。虽然安达信公司提起了上诉,但是,依据初审判决,其从事注册会计业务的资格被暂停,致使该公司几乎失去了所有的客户。2005 年,美国最高法院将初审判决推翻,但是,安达信公司所遭受的损害已经不可弥补。在此期间,该企业失去了所有客户,商业信誉严重受损,在美国的 28,000 名员工全部失业,非美国地区的业务也被其他竞争对手接管,企业剩

① 参见李奋飞:《涉案企业合规刑行衔接的初步研究》,载《政法论坛》2022 年第 1 期。

余财产被合伙人瓜分,曾经的行业巨头在短期内彻底消失。① 这类案件的发生,使域外国家开始重视避免对企业定罪的问题,于是出现了在审前阶段与企业达成暂缓起诉协议(Deferred Prosecution Agreement)或不起诉协议(Non-prosecution Agreement)的程序模式。对于那些在协议约定的期限内履行缴纳罚款、合规整改、配合调查等义务的企业,即使该企业确实构成犯罪,检察机关也可能最终作出不起诉决定。

在我国,基于优化营商环境、保护民营企业的初心,检察机关于2020年3月开启了"企业合规监管试点"的改革探索,并确定了6家基层检察院作为试点单位,在一定程度上标志着"企业合规改革"在中国正式拉开帷幕。2021年4月,最高人民检察院发布了《关于开展企业合规改革试点工作方案》,启动了第二期企业合规改革试点工作。第二期改革试点范围较第一期有所扩大,涉及北京、辽宁、上海、江苏、浙江、福建、山东、湖北、湖南、广东10个省(直辖市)。上述省级检察院可根据本地情况,自行确定1~2个设区的市级检察院及其所辖基层检察院作为试点单位。与此同时,基于检察机关在合规监管方面专业知识的不足,最高人民检察院发布《关于建立涉案企业合规第三方监督评估机制的指导意见(试行)》,允许检察机关引入外部独立第三方专家作为合规监督、考察和评估的主体。② 根据最高人民检察院公布的数据,2021年1~9月,各个合规改革试点地区已经办理涉企业合规案件329件,其中,开展第三方监督评估机构评估、审核124件。③ 图3-1基本呈现了检察机关创新化的企业办案流程。

① 参见陶朗逍:《美国企业犯罪的审前转处协议研究》,载《财经法学》2020年第2期。

② 参见李奋飞:《论企业合规考察的适用条件》,载《法学论坛》2021年第6期。

③ 参见《最高检案管办负责人就2021年1至9月全国检察机关主要办案数据答记者问》,载最高人民检察院官网,https://www.spp.gov.cn/spp/xwfbh/wsfbt/202110/t20211018_532387.shtml#3。

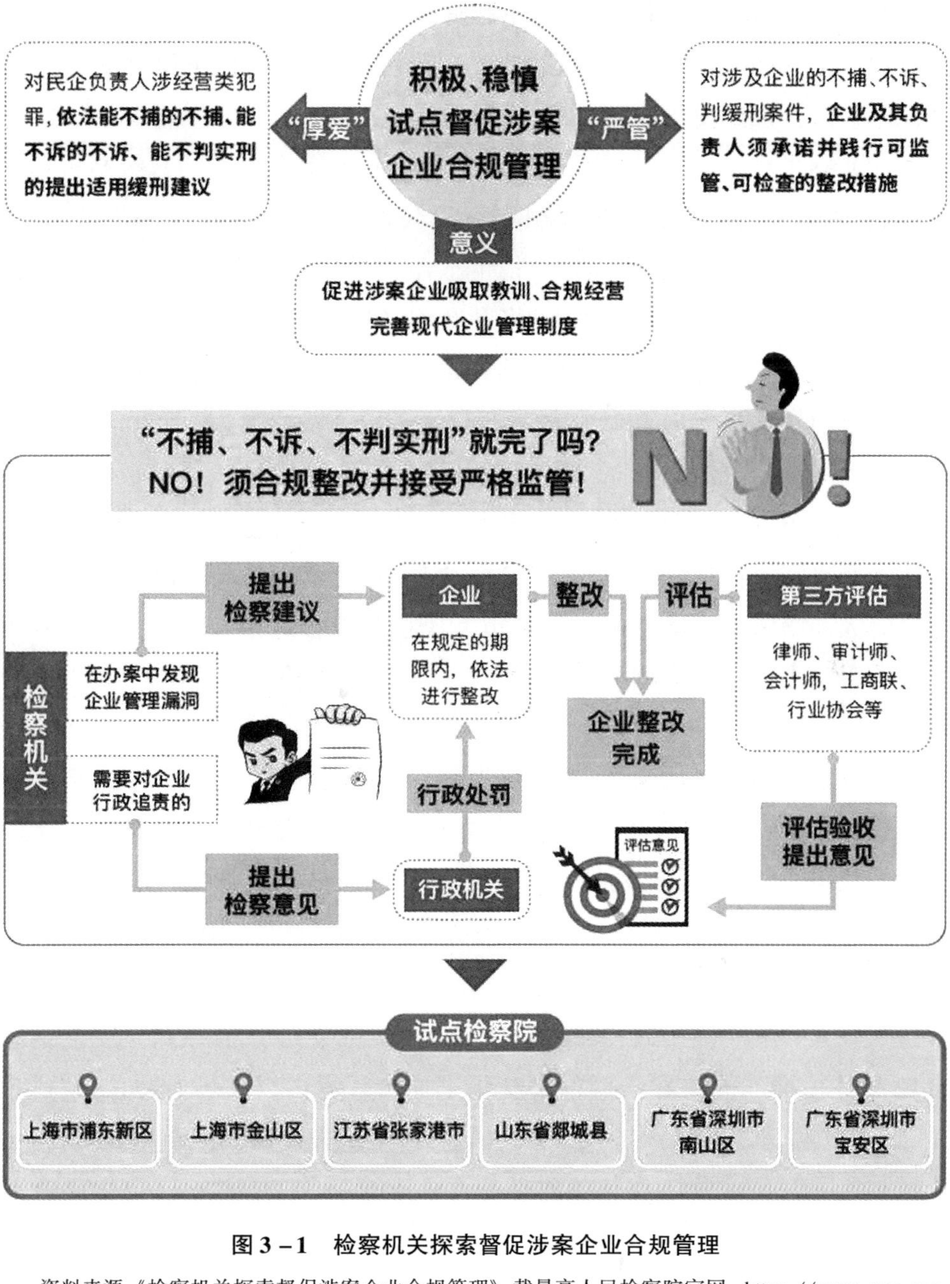

图3-1 检察机关探索督促涉案企业合规管理

资料来源:《检察机关探索督促涉案企业合规管理》,载最高人民检察院官网，https://www.spp.gov.cn/zdgz/202103/t20210308_511516.shtml。

那么,涉罪企业如何才能获得不起诉的决定?本部分从最高人民检察院公布的典型案例入手解析,以张家港市L化机有限公司(以下简称L公司)、张某甲等人污染环境案为例。①

江苏省张家港市L公司系从事不锈钢产品研发和生产的省级高科技民营企业,张某甲、张某乙、陆某某分别系该公司的总经理、副总经理、行政主管。2018年下半年,L公司在未取得生态环境部门环境评价的情况下建设酸洗池,并于2019年2月私设暗管,将含有镍、铬等重金属的酸洗废水排放至生活污水管,造成严重环境污染。苏州市张家港生态环境局现场检测,L公司排放井内积存水样中总镍浓度为29.4mg/L、总铬浓度为29.2mg/L,分别超过《污水综合排放标准》的29.4倍和近19.5倍。

2020年6月,张某甲、张某乙、陆某某主动向张家港市公安局投案,如实供述犯罪事实,自愿认罪认罚。2020年8月,张家港市公安局以L公司及张某甲等人涉嫌污染环境罪向张家港市人民检察院移送审查起诉。张家港市人民检察院进行办案影响评估并听取L公司合规意愿后,指导该公司开展合规建设。

检察机关经审查认为,L公司及张某甲等人虽涉嫌污染环境罪,但排放污水量较小,尚未造成实质性危害后果,可以进行合规考察监督并参考考察情况依法决定是否适用不起诉。同时经调查,L公司系省级高科技民营企业,年均纳税400余万元、企业员工90余名、拥有专利20余件,部分产品突破国外垄断。如果公司及其主要经营管理人员被判刑,将对国内相关技术领域造成较大影响。鉴于此,2020年10月,检察机关向L公司送达企业刑事合规告知书,该公司在第一时间提交了书面合规承诺以及行业地位、科研力量、纳税贡献、承担社会责任等证明材料。检察机关在认真审查调查报告、听取行政机关意见以及综合审查企业书面承诺的基础上,对L公司作出合规考察决定。随后,L公司聘请律师对合规建设进行初评,全面排查企业合规风险,制订详细合规计划,检察机关委托税务、生态环境、应急管理等部

① 参见《最高检发布企业合规改革试点典型案例》,最高人民检察院官网,https://www.spp.gov.cn/spp/xwfbh/wsfbh/202106/t20210603_520232.shtml。

门对合规计划进行专业评估。L 公司每月向检察机关书面汇报合规计划实施情况。

2020 年 12 月,以生态环境部门专业人员为组长的评估小组,对 L 公司整改情况及合规建设情况进行评估,经评估合格,L 公司通过合规考察。同月,检察机关邀请人民监督员、相关行政主管部门、工商联等各界代表,召开公开听证会,参会人员一致建议对 L 公司作不起诉处理。检察机关经审查认为,该建议符合刑事诉讼法相关规定,当场公开宣告不起诉决定,并依法向生态环境部门提出对该公司给予行政处罚的检察意见。2021 年 3 月,苏州市生态环境局根据《中华人民共和国水污染防治法》有关规定,对 L 公司作出行政处罚决定。

通过开展合规建设,L 公司实现了快速转型发展,逐步建立起完备的生产经营、财务管理、合规内控的管理体系,改变了野蛮粗放的发展运营模式,企业家和员工的责任感明显提高,企业抵御和防控经济风险的能力得到进一步增强。2021 年 L 公司第一季度销售收入同比增长 275%,缴纳税金同比增长 333%,成为所在地区增幅最大的企业。

总结来看,在当前检察机关主导的企业合规改革氛围下,企业一旦涉罪,要想获得不起诉决定而实现"出罪"效果的方法只有:承诺做合规、认真做合规、配合合规验收。第一,企业的原始案件情节需要符合法律和改革政策的要求,而且企业有意愿建立合规计划。目前的改革尚未获得人大的立法授权,因此只能在刑事诉讼法律的框架和范围内进行,即案件的情节需要符合单位犯罪相对不起诉的适用范围,涉罪企业必须在法律的意义上"情有可原",存在犯罪情节轻微、企业对地区经济的影响大、充分赔偿案件相关被害方等情节。第二,企业在考察期限内,听取检察机关的要求,不是拼凑合规要素,而是真诚地去除经营模式中的不合规的因素。基于合规计划的复杂性,许多企业并不清楚什么样的合规计划才是有效的,因此可能存在一些企业建立"形式化"的合规计划,来蒙骗检察机关。这显然是行不通的,对于合规计划无效、合规整改不合格的企业,检察机关仍然会在考察期届满时提起公诉。[①] 在合规整改的过程中，检察机关可能派人进行指导和监督，也可能是由检察机关委任第三方人员进行监管，企业需要全面配合和听取意见。第三，企业在考察期限届满时，接受检察机关及相关主体的评估和验收，向检察机关证明自身已经建立了有效的刑事合规计划，消除了再犯风险。检察机关一般会在考察期届满时组织听证会，邀请人大代表、政协委员、行政执法机关人员等共同听取企业的合规整改报告，也可能通过走访企业等方式进行抽查，综合评估企业是否真的实现了有效合规。只有那些达到“公认”合规的企业，才能获得检察机关的不起诉决定。对于那些经过三个步骤，达到检察机关合规标准的企业，实践中有很大的机会被决定不起诉。

我国的企业合规不起诉改革不是一时的，这项改革实践未来的发展目标是修改法律，建立企业犯罪附条件不起诉制度。在该制度正式建立之后，可能有更多的企业将以合规获得被不起诉的机会。所以，对于那些案发前没有合规计划的企业，也可能通过在诉讼过程中积极建立合规计划的方式说服检察官对其作出不起诉决定。两种决策在事实上的效果基本相同，即企业没有被法律定性为犯罪企业，保住了声誉，就不会致命性地丧失商业机会甚至走向破产。相应地，地区的就业和经济发展也会因为企业名誉的保留而获利，因为这些企业甚至可能扩大经营，继续以市场主体的身份服务于社会发展。

---

① 在随州市L公司、夏某某非法占用农用地案中，第三方监督评估组织经近两个月的合规考察后出具了考察报告，认为：虽然经过法律政策讲解，L公司认识到其占用农地行为不符合土地管理法的规定，但仍然认为自身受当地镇政府邀请投资建设没有过错，导致现场整改不主动；多名股东对夏某某的整改处理意见提出异议，但并未得到尊重，夏某某的个人意见最终仍代表公司意见，企业合规计划中规定的完善内部决策程序、法务审核程序，以及加强与政府相关监管部门的协调配合等整改措施落实不到位，其申请适用企业合规程序的主要目的是想通过相关单位的协调，帮助其补办土地使用手续，企图将其非法占地行为合法化。在考察期届满时，该公司既未办理用地合法手续，也未拆除违建的厂房，其违法占用农用地一直处于持续状态。综合认定合规考察结果为“不合格”。结合第三方监督评估组织的考察结果，随州市随县人民检察院检委会于2021年8月3日经讨论决定，依法对L公司提起公诉，同时向随州市随县自然资源和规划局发出公益诉讼诉前检察建议。2021年8月，随州市随县人民法院支持随县人民检察院提出的量刑建议，依法判处L公司罚金2万元，夏某某有期徒刑7个月，缓刑1年，并处罚金8000元。该判决已生效。随州市随县自然资源和规划局在收到检察机关的检察建议后，也已对该公司作出行政处罚。

▶ 三、合规获行政和解机会

建立合规计划的企业在行政制裁中也有机会被从宽处理,甚至能够获得与执法机关和解的机会。其原理如同企业建立合规计划有机会获得无罪结果或不起诉决定一样,当这些企业构成行政违法、面临行政制裁时,行政监管机关也会更倾向于与之协商和解或处以较轻的行政处罚。虽然这种做法没有直接写入《中华人民共和国行政处罚法》(以下简称《行政处罚法》),但有一些专门领域的法律对此有所提及。

(一)证券行业和解

中国证券监督管理委员会(以下简称证监会)2015 年出台了《行政和解试点实施办法》,在证券期货领域试点行政和解制度,允许违法企业以申请支付和解金的方式与证监会达成和解协议。该规定第 6 条对适用案件的范围进行了限定:“行政相对人涉嫌实施虚假陈述、内幕交易、操纵市场或者欺诈客户等违反证券期货法律、行政法规和相关监管规定的行为,案件符合下列情形的,可以适用行政和解程序:(一)中国证监会已经正式立案,且经过了必要调查程序,但案件事实或者法律关系尚难完全明确;(二)采取行政和解方式执法有利于实现监管目的,减少争议,稳定和明确市场预期,恢复市场秩序,保护投资者合法权益;(三)行政相对人愿意采取有效措施补偿因其涉嫌违法行为受到损失的投资者;(四)以行政和解方式结案不违反法律、行政法规的禁止性规定,不损害社会公共利益和他人合法权益。中国证监会派出机构负责查处的案件,试点期间不适用行政和解程序。”可见,是否适用行政和解的决定因素在于案件对社会公共利益的影响,这给予了证监会较大的自主裁量权。

实践中,2019 年 4 月出现了第一起证监会与申请人达成行政和解的案件,即证监会与高盛(亚洲)有限责任公司、北京高华证券有限责任公司以及它们的相关工作人员达成和解。从证监会披露的信息来看,该和解协议内容包括:支付 1.5 亿元人民币和解金;申请人采取必要措施加强公司的内控管理,并在完成后向证监会提交书面整改报告;证监会终止对申请人有关行为的调查、审理程序。[①] 中国目前的行政和解协议仅笼统地要求“加强公司的内控管理”,对于具体的合规规则架构和实施办法没有细致要求,具体的监督方式尚不明确,和解协议的具体文本未向公众公开。2020 年 1 月,证监会发布了其第二起达成行政和解的案件,系其与包括司度(上海)贸易有限公司在内的 5 家机构及其相关工作人员达成和解,其中司度交纳和解金高达 6.7 亿元人民币。[②] 除和解金数额外,证监会披露的其他协议内容与第一起案件完全相同,仍然未涉及合规。

2019 年我国《证券法》修改,依据行政和解制度的试验经验正式确立了“当事人承诺制度”。《证券法》第 171 条规定:“国务院证券监督管理机构对涉嫌证券违法的单位或者个人进行调查期间,被调查的当事人书面申请,承诺在国务院证券监督管理机构认可的期限内纠正涉嫌违法行为,赔偿有关投资者损失,消除损害或者不良影响的,国务院证券监督管理机构可以决定中止调查。被调查的当事人履行承诺的,国务院证券监督管理机构可以决定终止调查;被调查的当事人未履行承诺或者有国务院规定的其他情形的,应当恢复调查。具体办法由国务院规定。国务院证券监督管理机构决定中止或者终止调查的,应当按照规定公开相关信息。”该制度以“当事人承诺,国务院证券监督管理机构决定中止调查”的方式纳入了行政和解的实质。2021 年 9 月国务院通过《证券期货行政执法当事人承诺制度实施办法》,2022 年 1 月证监会发布《证券期货行政执法当事人承诺制度实施规定》,共同对当事人承诺制度的具体执行问题予以明确。

目前,对于证券公司来说,在涉嫌《证券法》相关违法行为之后,行政监管机关启动立案调查程序后,可以通过向执法机关承诺的方式避免行政处罚。除了缴纳承诺金之外,能够获得该项“和解式”免罚的重要前提就是,企业采取“纠正涉嫌违法行为,赔偿有关投资者损失,消除损害或者不良影响”的具体措施,包括加强内控管理、完善合规计划。我国证监会早于 2017 年就

① 参见中国证券监督管理委员会公告〔2019〕11 号。

② 参见中国证券监督管理委员会公告〔2020〕1 号。

通过《证券公司和证券投资基金管理公司合规管理办法》确立了证券企业的强制合规义务,若是证券企业能够在涉嫌违法犯罪后,向行政执法机关证明其事先已有合规管理体系,并在事后积极修正和完善该管理体系,就更能获得执法机关的谅解,其被纳入当事人承诺制度的可能性更高。换言之,合规能增加企业在涉案后进入和解程序的协商筹码。

(二)反垄断行业和解

自2021年4月的阿里巴巴反垄断案开始,我国反垄断领域的执法力度和制裁力度明显增强,特别针对互联网巨头企业开展反垄断调查。随着《经营者反垄断合规指南》的出台,各类具有垄断风险的企业开始关注反垄断合规管理体系的建设问题。虽然,在目前的行政执法案件中,尚未出现涉嫌垄断行为的企业因合规而与行政执法机关和解的案例,但这种做法在我国的法律体系下存在广阔的制度空间。

《反垄断法》基本是我国行政法律体系上第一个确立和解制度的法律,该制度被称为"经营者承诺制度",前述《证券法》所新增的当事人承诺制度的立法体例也是源于此。早于2007年《反垄断法》通过之时,其第45条就包含了经营者承诺制度的规定:"对反垄断执法机构调查的涉嫌垄断行为,被调查的经营者承诺在反垄断执法机构认可的期限内采取具体措施消除该行为后果的,反垄断执法机构可以决定中止调查。中止调查的决定应当载明被调查的经营者承诺的具体内容。反垄断执法机构决定中止调查的,应当对经营者履行承诺的情况进行监督。经营者履行承诺的,反垄断执法机构可以决定终止调查。有下列情形之一的,反垄断执法机构应当恢复调查:(一)经营者未履行承诺的;(二)作出中止调查决定所依据的事实发生重大变化的;(三)中止调查的决定是基于经营者提供的不完整或者不真实的信息作出的。"2019年国务院反垄断委员会发布《垄断案件经营者承诺指南》对具体的实施流程进行规范。对此,学者早已达成共识,认为经营者承诺制度本质上是反垄断执法机构与被调查经营者之间的行政和解,与域外行政执法中的同意令(Consent Order)制度异曲同工。[①] 在企业涉嫌垄断违法的案件中,执法机关可以根据案件对社会公共利益的影响、企业消除行为后果的情况、企业承诺落实的义务等,裁量决定中止调查并考察企业承诺的履行情况,对于妥善履行承诺的企业通过终止调查决定使其免于处罚。

实践中,经营者承诺制度运行中的企业"承诺消除行为后果的措施",事实上就包含合规内容。以联想公司反垄断案为例。[②] 联想在 2016 年至 2017 年的经营中因存在操纵配件、选件和服务产品价格的行为而被调查,北京市场监管局于 2019 年依据经营者承诺制度的规定对其中止调查。此案中,联想承诺的措施包括:全面清查现有销售和服务发文中是否存在违反我国《反垄断法》规定的现象并予以纠正;对向品牌授权服务站销售的有关产品和服务备件进行降价,并告知客户;组织法律培训,加强对全体员工,特别是市场、销售、法务、区域、服务等部门的竞争法律法规培训和指导,杜绝垄断行为。这些措施在一定程度上属于合规要素的范畴,系企业通过加强内控和调整经营行为预防再犯。结合 2021 年以后反垄断执法活动中对合规问题的直接明确,可以推测,未来在我国的反垄断执法领域,事先建立了反垄断合规计划的企业,在涉案后更容易被纳入经营者承诺制度;经过考察而实现有效反垄断合规的企业,也更容易实现事实上的免罚。

(三)数据保护约谈

除以上两个立法直接明确建立行政和解制度的领域外,我国的行政执法正在以正式和非正式的路径从"惩罚性监管方式"向"预防性监管方式"转型,这也衍生出了许多"以合规换和解"的实践。[③] 例如,行政监管机关以"约谈"的方式限期一些企业进行合规整改,以加强内控措施、建立专项合规计划的方式杜绝相似违法行为的再次发生。如果"约谈"确定的期限届满,这些企业能够达到有效合规,就不会被正式立案调查。这些实践虽然没有采取

---

① 参见焦海涛:《我国经营者承诺制度的适用与完善》,载《当代法学》2012 年第 2 期。

② 参见北京市市场监督管理局垄断案件中止调查决定书,京市监价中止〔2019〕1 号。

③ 参见陈瑞华:《论企业合规在行政监管机制中的地位》,载《上海政法学院学报(法治论丛)》2021 年第 6 期。

"行政和解"的称呼,却用实践佐证了合规在行政责任减免中的重要作用。下文以数据合规领域的约谈式执法为例。

近年来,随着世界范围内数据问题引发的法律风险凸显,在数据保护方面,我国通过《网络安全法》《数据安全法》《个人信息保护法》等多部法律对企业施加了多重数据安全合规管理义务。虽然尚未出台官方的企业数据合规管理指南,但已经出台了多部相关国家标准作为指引参考,包括《信息安全技术　个人信息安全规范》(GB/T 35273—2020)、《信息安全技术　网络安全等级保护基本要求》(GB/T 22239—2019)、《信息安全技术　个人信息去标识化指南》(GB/T 37964—2019)等。目前,对企业来说,在数据相关法律制度初步探索发展的进程中,全面建立数据合规计划的难度较大,执法机关以"约谈"的方式给予企业更多的免责机会。

2021年的滴滴案就是"合规约谈"的典型案例。2021年4月至6月,国家互联网信息办公室(以下简称网信办)等部门召集约谈滴滴等30多家互联网公司,要求其对内部的数据安全违规行为进行自查。滴滴宣称对其运营进行了自查,并发现和整改了不合规问题。网信办建议滴滴推迟在美上市,并对其网络安全进行自查。但滴滴仍于6月30日在纽交所挂牌上市。2021年7月2日,网络安全审查办公室发布关于对"滴滴出行"启动网络安全审查的公告,指出从防范国家数据安全风险,维护国家安全,保障公共利益角度出发,将对"滴滴出行"实施网络安全审查。7月4日,网信办发布关于下架"滴滴出行"app的通报。7月9日,网信办发布关于下架"滴滴企业版"等25款app的通报,通报了上述app存在严重违法违规收集使用个人信息问题,并要求相关运营者认真整改存在问题。7月16日,网信办会同公安部、国家安全部、自然资源部、交通运输部、税务总局、市场监管总局等部门联合进驻滴滴,开展网络安全审查。

显然,在数据保护相关案件的执法过程中,网信办等行政监管部门以约谈的形式给予了许多"合规免责"的机会,只有对坚持违规、自查不到位、合规整改不充分的企业,才会立案、调查、处罚。

第三节　合规能够应对国际制裁

随着中国企业“走出去”,我国企业面临的国际制裁风险日益增加,有的企业因涉外经营行为而被外国政府或国际组织制裁,而合规是其解除制裁的重要方式之一。我国法律与域外法律对一些商业行为的性质界定不同,如果我国企业对域外法律不够了解,没有应对的合规管理体系,很容易“不小心”便被制裁。更何况,根源于紧张而复杂的国际局势,其他国家可能存在努力“找茬”以限制我国企业发展的行为,这更需要从企业管理体系上予以谨慎应对。所以,如果我国企业能建立合规计划,那么能够降低我国企业面临国际制裁的风险,即使后续真的卷入这类纠纷,也能够将迅速完善合规计划作为协商筹码,说服执法主体解除制裁。实践中,中兴公司案、湖南建工案、格力集团案都是我国企业以合规应对国际制裁的典型案例。

▶ 一、合规应对出口管制相关制裁

违反出口管制规定是域外国家对我国企业进行制裁的常见原因之一。近年来,中国高科技产品以物美价廉的特性不断扩大占有的国际市场份额,同样使中国科技企业面临越来越大的出口管制类风险。中兴公司就曾因出口管制问题被美国商务部和司法部联合制裁,最终通过合规化解矛盾。

(一)中兴公司案基本情况

2012 年,中兴公司因向伊朗出口含有美国技术的芯片而涉嫌美国法律意义上的犯罪,美国商务部和司法机关联合对该行为开展调查,最终于 2016 年认定中兴公司构成违法犯罪,商务部决定将其纳入“实体清单”,实施出口

限制,司法机关就其犯罪事实进行起诉。经协商,2017 年中兴公司以支付近 12 亿余美元为代价,与美国商务部和司法机关同时达成和解。但不幸的是,2018 年 4 月,美国商务部认为,中兴公司呈交美国政府的函件中存在虚假陈述,同时,中兴公司没有对内部直接构成违法犯罪的自然人进行处罚,这再次触发了处罚。后经过反复协商,2018 年 5 月,中兴公司以支付 13 亿余美元和全面更换高级管理层为代价,再次与美国商务部和司法机关达成和解,以此解除了限制美国公司向中兴公司出售产品的禁令。[①]

(二)合规:企业解除制裁的关键

美国以其法律对中兴公司在出口管制领域实施了两次严峻制裁,中兴公司付出 26 亿美元的经济成本。回到案件本身,中兴公司能够通过协商与美国行政机关和司法机关达成和解的关键是,作出合规承诺并接受两机关的监督和考察。美国行政和司法机关在执法程序中都建立了正式的和解制度,即国家机关有权裁量与涉嫌违法犯罪的企业签署和解协议(包括行政同意令、行政和解协议、暂缓起诉协议、不起诉协议、认罪协议),暂停处置程序,通过协议条款建立考验条件和考验期。如果期限届满,企业能够满足缴纳罚款、配合调查、赔偿损害、合规整改等条件,相关机关就终止后续的制裁程序,从而企业实现法律意义上的免责。其中,达成和解协议的前提就是企业承诺建立或完善合规计划,保证不再犯同类或相似违法犯罪行为,而考验期终结后,企业满足考验条件、实现免责的前提也是满足合规承诺,实现有效合规。中兴公司在两次和解的协商阶段都对自身的不合规行为进行了充分反思,积极承诺建立出口管制合规管理体系,接受美国政府的合规监管。这表明,承诺合规是其能够被移出管制清单和贸易禁令的前提。

在第二次达成和解时,美国商务部和司法机关分别任命了一名合规监管人,共同代表政府对中兴公司的合规整改工作进行监督和指导。美国商务部工业安全局任命前检察官霍华德(Roscoe C. Howard)自 2018 年起履行为期 10 年的合规监管工作,美国法院则任命斯坦顿(James M. Stanton)自 2018

---

① 参见黎宏:《合规计划与企业刑事责任》,载《法学杂志》2019 年第 9 期。

年起至2022年3月履行合规监管工作，两人共同负责协调、检查、评估并汇报中兴公司对和解协议和美国出口管制法律法规的合规工作。目前，中兴公司已经建立了较为完善的出口管制合规管理体系，在既往4年的运行中没有再发生违规事件。最终，中兴公司是否能够彻底摆脱该事件的影响，是否能够彻底免于美国政府的合规监管，取决于监管期结束后，公司是否能够真正实现美国法律意义上的有效合规，并于日常经营中规范地规避出口行为所带来的系列法律风险。这意味着，有效落实合规是其未来是否能够彻底摆脱美国制裁的关键。

二、合规应对国际组织诚信制裁

除了中国科技备受瞩目外，中国建工企业面临的国际制裁风险也日益显著，其中，最典型的是湖南建工集团有限公司（以下简称湖南建工）被世界银行制裁的案件。

（一）湖南建工案基本情况

湖南建工是我国的大型国有企业，其在参加世界银行资助的一项竞标项目时提供了虚假材料，构成了《世界银行集团诚信合规指引》中禁止的欺诈行为。2013年10月，世界银行决定对湖南建工采取“附解除条件的取消资格”制裁，即若湖南建工能主动消除行为损害，采取改进措施，建立诚信合规计划，就解除其参与世界银行项目的资格禁止规定；否则，将一直将其置于“黑名单”之中。最初，湖南建工对这种国际制裁和合规管理缺乏认识，没有意识到问题的严重性，但在后续的经营中逐渐发现，这种制裁的附带后果非常严重，所有信任世界银行信用体系的外国银行、外国企业、外国政府都将拒绝与被制裁企业合作。可以认为，企业被世界银行制裁，就是失去了国际市场。自2014年起，湖南建工开始重视诚信合规管理体系的建设。最终，2017年6月，湖南建工以有效的诚信合规管理体系，说服世界银行彻底解除制裁，并将结果告知其他多边开发银行。自此，湖南建工变成了国内的“合规模范”。①

(二)合规:企业文化

随着我国企业走入国际市场,其与国际组织间的摩擦和纠纷难以避免。以世界银行为代表的一些国际组织建立了区域化、自治化的超国界组织管理体系,发布了相应的行为准则,并明确了对应的制裁措施。虽然这些制裁措施不具有国际法层面的法律强制力,但其对我国企业经营资格和经营信誉的影响不亚于任何国内法律处罚,需要予以特别警惕。更何况,一般国际组织所发布的商业原则都能够为大多数的现代法治国家所认可,包括非欺诈、反腐败等,其背后蕴含的商业共识和商业文化使违背该类国际规则的企业更易受到各国抵制。在这样的国际商贸背景下,我国企业建立符合国际组织要求的合规管理体系,不仅是避免制裁的必要路径,更是联通我国国内营商文化与国际标准的桥梁。

湖南建工在被世界银行制裁后,不仅在监管下建立良好的诚信合规管理体系,更是形成了国际化的合规商业氛围。湖南建工发布了《诚信合规政策和程序》和《诚信合规管理办法》两项文件作为合规总体章程,建立了诚信合规管理委员会作为议事机构,将合规职能划入原法律事务部,将其更名为“法律合规部”。在人员组织结构方面,湖南建工规定由集团总法律顾问担任首席合规官,由其管理新增设的合规处,并在各级单位任命合规负责人和合规专员。此外,湖南建工还建立了评估审计制度,定期对集团的合规风险进行评估,对集团的每个部门和分公司、子公司进行“高”“中”“低”三类风险级别分类。集团审计部每年将对反贿赂、反欺诈法律和《诚信合规政策和程序》的遵守情况进行合规审计,尤其是被确定为高风险或被查实有违反《诚信合规政策和程序》情况的部门或分公司、子公司的情况。同时,湖南建工设置了合规举报制度,为各单位设立了咨询举报热线,鼓励员工或任何第三方对非诚信行为进行举报。更重要的是,在合规文化的塑造方面,湖南建工力求与国际接轨。一方面,其树立了“诚信理念”,明确秉持“诚信、合规是湖

---

① 参见陈瑞华:《湖南建工的合规体系》,载《中国律师》2019 年第 11 期。

南建工的文化基石、立业之本，也是湖南建工人必须坚守的底线”的精神内涵，将“讲规则、守信用、说真话、办实事”作为集团诚信合规文化的道德尺度和行为准则。另一方面，其将合规承诺落实到个体，要求每位员工宣读、遵守合规宣言，并每年签署合规证书。在与商业伙伴进行合作之前，要求其签署反贿赂陈述、保证及承诺函与合规证书，承诺在合同期内将遵守集团《诚信合规政策和程序》以及反贿赂法。

在合规管理体系建立之后，湖南建工持续腾飞。2021 年，集团承接业务超 2000 亿元，提供就业 50 万人次，更是被选为国务院国企改革样板案例。在国际市场上，湖南建工取得“全球最大 250 家国际承包商”榜单第 180 位的好成绩，是其迄今为止的最高排名。

▶ 三、合规应对产品质量领域制裁

随着中国经济的进步，诸多企业的经营都呈现集团化发展的趋势。格力作为我国家电制造行业的巨头，拥有数家子公司、诸多子品牌、众多子产品，这增加了集团整体进行产品质量管理的难度。2021 年最受关注的案件之一就是格力珠海（集团总部）、格力香港、格力珠海被美国司法部统一制裁，最终以合规为条件达成暂缓起诉协议的案件。

（一）格力集团案基本案情

2021 年 10 月，格力珠海及其旗下两个子公司格力香港、格力美国（格力香港是格力美国的大股东）因销售不符合产品质量要求的除湿机而面临美国检察机关的刑事指控，最终格力美国认罪，格力珠海和格力香港与检察机关达成暂缓起诉协议，以支付 9100 万美元罚款为代价，进入为期 3 年的考察期。只有格力珠海和格力香港履行赔偿被害方、配合调查、进行合规整改等协议义务，才能被免于后续的刑事追诉，免于在美国被定罪的命运。

2010 年至 2013 年，格力美国（总部位于加利福尼亚州）向其在美分销公司出售除湿机，这些除湿机由格力珠海制造，经由格力香港出口至美国。2012 年 7 月，格力美国首席执行官（Chief Executive Officer，CEO）看到了格力除湿器起火的视频,他将该视频以"紧急消息,看到就很震惊,格力产品质量存在问题"命名,分享给格力香港负责出口产品的经理、格力美国和格力珠海的员工。这已经是他自2012年6月以来第三次收到格力产品起火的有关信息。格力美国CEO明知他应当立即通知美国消费品安全委员会(Consumer Prouct Safety Commission, CPSC)其产品存在致人伤亡的风险,却没有这样做。2012年8月,经由格力香港员工的汇报,格力珠海对产品起火原因展开调查,但此间没有一个人通知美国消费品安全委员会产品的安全隐患问题。2012年9月,格力美国CEO组织对除湿机产品进行质量测试,向格力香港的人员直言:"测试结果显示每个产品都有可能起火,其材料不符合制造标准。"此时,格力美国CEO表示会继续进行测试并计划将质量问题报告美国消费品安全委员会。2012年9月,格力香港要求格力美国CEO负责解决产品控诉和美国消费品安全委员会的问题,并就赔偿费用等问题与格力美国CEO进行协商。同月,格力美国CEO向格力珠海高层报告了此事,但高层要求他不要向美国消费品安全委员会报告此事,也没有告诉他是否需要作出召回产品等处理。2021年9月以后,格力没有任何人向美国消费品安全委员会报告产品缺陷,9月又销售了近25,000个缺陷除湿机,10月则销售了近30,000个。10月末,格力美国将两个除湿机样品送去第三方检验机构,机构的报告证明该产品确实存在质量缺陷,会因为过热而起火。此时,仍然没有人报告美国消费品安全委员会并继续销售产品。直至2013年3月,格力美国、格力珠海才向美国消费品安全委员会报告了此事。2013年4月,格力美国CEO收到了第三方检测报告,知晓是除湿机适用的塑料不符合质量标准导致起火,随后格力美国、格力珠海才向美国消费品安全委员会报告了质量缺陷。①

显然,在此案中,格力3家公司的做法都存在明显错误,即使个别产品质量疏漏属于制造行业难以避免的问题,但随后采取符合法律要求的应对和报告程序是所有企业的必要法律义务,而格力没有产品质量相关的合规管理体

---

① See Case 2:21 - Cr - 00498 - MCS, Justice Gov., https://www.justice.gov/opa/press-release/file/1445401/download (last visited on November 11, 2021).

系,没有应对产品质量危机事件的恰当管理流程。

(二)合规:产品质量的保障

美国检察机关之所以能够在明确格力构成犯罪的情况下与之进行和解,重要原因就是格力承诺进行产品质量相关的合规管理体系建设,即一方面保障不会再生产出有质量问题和安全隐患的产品,另一方面确保产品质量危机事件发生时有恰当而不拖延的应对程序。

在此案中,美国检察机关对格力提出的具体合规整改措施包括:第一,建立书面的标准、政策和程序。格力应建立合规章程,确保有足够的资源和程序以应对、调查、记录潜在的产品危害行为。格力需任命有足够职权的员工(合规官)负责处理与产品安全相关的事务,包括处理消费者的产品投诉,无论该类投诉是否提及人身伤害风险,无论是否已经对产品进行了验证性测试。第二,建立秘密的员工举报制度。如果员工、代理方想要举报与产品质量安全有关的事项,须能向合规官或其他有权处理的高管报告。第三,建立培训制度。格力公司应确保合规计划的内容被公司的所有董事、高管、经理、员工、第三方所知晓。第四,建立管理问责制度。格力公司应当将负责合规计划的职责分配给一名或多名足以胜任该工作的高管,赋予他们直接向独立的监督机构举报的权利。第五,保存必要记录。格力公司应保留所有产品质量合规相关记录至少 5 年,并确保此类记录能向美国政府相关工作人员公开。第六,任命合规专家。格力应当自费任命一名或多名独立的合规专家,由这些人负责指导产品质量合规计划的构建,并就合规情况向政府定期报告。① 总之,美国检察机关要求格力在合规专家的辅助下,在 3 年的期限内,建立有效的合规管理体系,这种合规管理体系所防范的风险以产品质量风险为主,杜绝再次制造和销售“起火的除湿机”。

格力产品的世界化流通必然会导致国际制裁风险的增加。在国际贸易中,制造类企业涉嫌产品质量纠纷的情况屡见不鲜。苹果、三星、强生、特斯

① See Case 2:21 - Cr - 00498 - MCS, Justice Gov., https://www.justice.gov/opa/press-release/file/1445401/download (last visited on November 11, 2021).

拉等企业都存在售出后召回缺陷产品的案例,企业内部在事后如何应对相应的风险事件是衡量其责任大小的重要因素。因缺乏应对经验和管理体系,格力在通报行政监管机关时存在严重的拖延,在进行产品召回决策时犹豫不决,都导致了缺陷产品的扩大销售,可能造成更多用户陷入人身伤害风险。对于“中国制造”来说,建立产品质量合规计划,既是规避国际严厉制裁的有效路径,更是长期保障产品质量达标的必要方式。

第四章
哪些企业需要建立合规计划?

合规作为新兴的国家治理方式、企业管理方式,在行政监管、刑事司法领域也开始发展。在行政监管领域开始出现“强制合规”,即国家强制要求一些类型的企业必须建立合规计划,以及“合规指引”,即通过发布合规指引的方式要求一些特殊行业、特别经营领域的企业建立合规计划。在刑事司法领域,开始出现“合规激励”,即有合规计划的企业在涉罪后更容易获得无罪判决或不起诉决定。本章将根据我国对企业合规的相关规定,对不同类型的企业在我国法律话语体系下的企业合规义务予以分类,供企业经营者、合规服务提供者、社会公众参考。如果发现某企业属于国家法律法规或规范性文件强制要求建立合规管理体系的企业,但其没有合规计划或仅有无效的“纸面合规”,则相关利益群体可以发挥社会主人翁意识,向其主管责任部门反映,共同监督并推动我国企业合规建设。在我国,繁杂的企业合规义务可以被简单地概括为:特殊企业强制合规、一般企业自愿合规。

第一节 中央企业强制合规标准

在我国,央企或称为中央企业,是目前唯一具有全面合规义务的企业类型。央企是“中央管理企业”的简称,是指由中央人民政府(国务院)或委托国有资产监督管理机构行使出资人职责,领导班子由中央直接管理或委托中央组织部、国务院国资委或其他中央部委(协会)管理的国有独资或国有控股企业。根据2021年6月国务院国有资产管理委员会发布的《央企名录》,我国目前共有97家央企,占据关联国家安全和国民经济命脉的主要行业,包括著名的中粮集团有限公司、中国石油天然气集团有限公司、中国石油化工集团有限公司、国家电网有限公司、中国建筑集团有限公司等。[①]

在合规进入我国法治领域之前,有的央企确实存在一些因管理缺位造成国有资产流失的情况。例如,2014年审计署在对11户中央企业财务收支进行审计后发现,一些企业存在重大事项决策不规范,造成大量国有资产损失等问题。在抽查11户企业的791项重大决策事项中,有230项(占29%)存在违反“三重一大”(重大问题决策、重要干部任免、重大项目投资决策、大额资金使用)决策程序、缺乏可行性研究论证以及决策内容不符合规定等问题,造成损失或潜在损失134.68亿元。[②] 具体而言,有个别企业在产品开发、并购重组、国资产处置等过程中,存在企业管理人员滥用职权、违规决策、串通牟利等现象。历年来,此类问题或多或少地存在于央企的经营管理过程中,受限于国资委及其他国家执法机关的治理资源,缺乏有效的矫正和监管。

2018年被称为我国的“合规元年”,其重要的表现之一就是国资委发布

① 参见《央企名录》,载国务院国有资产监督管理委员会官网2021年12月23日,http://www.sasac.gov.cn/n4422011/n14158800/n14158998/index.html。

② 参见姚冬琴:《审计署审出央企十大“牛皮癣”》,载《中国经济周刊》2014年第27期。

《中央企业合规管理指引(试行)》,明确了央企建立合规计划的基本义务。该指引第4条是对央企强制合规义务的总体表述:“中央企业应当按照以下原则加快建立健全合规管理体系:(一)全面覆盖。坚持将合规要求覆盖各业务领域、各部门、各级子企业和分支机构、全体员工,贯穿决策、执行、监督全流程。(二)强化责任。把加强合规管理作为企业主要负责人履行推进法治建设第一责任人职责的重要内容。建立全员合规责任制,明确管理人员和各岗位员工的合规责任并督促有效落实。(三)协同联动。推动合规管理与法律风险防范、监察、审计、内控、风险管理等工作相统筹、相衔接,确保合规管理体系有效运行。(四)客观独立。严格依照法律法规等规定对企业和员工行为进行客观评价和处理。合规管理牵头部门独立履行职责,不受其他部门和人员的干涉。”虽然该指引没有写明央企怠于建立合规计划的法律后果,但其规定表述的“应当”二字体现了该项合规义务的强制性本质。

从合规类型上来看,《中央企业合规管理指引(试行)》强制央企建立的合规计划为行政领域的“综合合规计划”,即要求央企以体系化的合规管理制度对所有其可能面临的行政法律风险进行全面防控。该指引中所谈及的合规贯彻了全面性原则,具体涵盖市场交易、安全环保、产品质量、劳动用工、财务税收、知识产权、商业伙伴以及其他需要重点关注的领域,是一种全面覆盖合规风险的综合管理,又称“大合规”。该指引要求建立的合规管理体系可以分为三个层级:合规统筹层、合规管理层、合规执行层,要求合规管理覆盖企业各业务领域、各部门、各级子企业和全体员工。

▶ 一、合规统筹层

在央企中,董事会、监事会主要负责合规统筹问题,与新设立的合规委员会共同负责合规管理的统筹工作。

董事会负有合规工作的最高领导责任,不仅领导合规计划的建设工作,也负责监督合规计划运行的责任,甚至还会直接参与重大的合规决策中。《中央企业合规管理指引(试行)》第5条规定:“董事会的合规管理职责主要包括:(一)批准企业合规管理战略规划、基本制度和年度报告;(二)推动完善合规管理体系;(三)决定合规管理负责人的任免;(四)决定合规管理牵头部门的设置和职能;(五)研究决定合规管理有关重大事项;(六)按照权限决定有关违规人员的处理事项。"

监事会负有合规工作的总体监督责任,除对董事会的合规领导工作进行监督外,还对合规工作人员的任免具有建议权。《中央企业合规管理指引(试行)》第6条规定:"监事会的合规管理职责主要包括:(一)监督董事会的决策与流程是否合规;(二)监督董事和高级管理人员合规管理职责履行情况;(三)对引发重大合规风险负有主要责任的董事、高级管理人员提出罢免建议;(四)向董事会提出撤换公司合规管理负责人的建议。"

除董事会和监事会外,《中央企业合规管理指引(试行)》还要求央企特别建立合规委员会,以定期召开会议的方式加入合规统筹工作。其第8条规定:"中央企业设立合规委员会,与企业法治建设领导小组或风险控制委员会等合署,承担合规管理的组织领导和统筹协调工作,定期召开会议,研究决定合规管理重大事项或提出意见建议,指导、监督和评价合规管理工作。"在实践中,该委员会一般由董事会指派具备法律、财务、人事管理背景的董事组成,重大合规决策可能需要通过合规委员会的讨论和审核。在2021年,中央企业已全部成立合规委员会。

▶ 二、合规管理层

具体落实合规工作的部门和人员为合规管理层,一般是指"合规部"或"法律合规部",负责依据合规章程细化合规规定、管理合规官、向合规统筹层报告合规情况等,其在合规管理体系中起到的是"上传下达"的作用。《中央企业合规管理指引(试行)》将这些责任视为"经理层"的合规管理职责,其第7条规定:"经理层的合规管理职责主要包括:(一)根据董事会决定,建立健全合规管理组织架构;(二)批准合规管理具体制度规定;(三)批准合规管理计划,采取措施确保合规制度得到有效执行;(四)明确合规管理流程,确保合规要求融入业务领域;(五)及时制止并纠正不合规的经营行为,按照权限对违规人员进行责任追究或提出处理建议;(六)经董事会授权的其他事项。”

在设立部门形态方面，《中央企业合规管理指引（试行）》倾向采取法务与合规相结合的模式，倾向设立“法律合规部”。该指引第10条规定：“法律事务机构或其他相关机构为合规管理牵头部门，组织、协调和监督合规管理工作，为其他部门提供合规支持，主要职责包括：（一）研究起草合规管理计划、基本制度和具体制度规定；（二）持续关注法律法规等规则变化，组织开展合规风险识别和预警，参与企业重大事项合规审查和风险应对；（三）组织开展合规检查与考核，对制度和流程进行合规性评价，督促违规整改和持续改进；（四）指导所属单位合规管理工作；（五）受理职责范围内的违规举报，组织或参与对违规事件的调查，并提出处理建议；（六）组织或协助业务部门、人事部门开展合规培训。”该条明确引导央企形成“法律合规部”，但也不否认“合规审计部”“合规内控部”“合规部”等其他的组织部门形态，具体由企业根据自身情况进行设计。

央企合规部门的领导为首席合规官，也称合规管理负责人，其是整个企业合规管理的核心。《中央企业合规管理指引（试行）》第9条对其职责描述为，“（一）组织制订合规管理战略规划；（二）参与企业重大决策并提出合规意见；（三）领导合规管理牵头部门开展工作；（四）向董事会和总经理汇报合规管理重大事项；（五）组织起草合规管理年度报告”。

▶ 三、合规执行层

在实践中，公众对于合规工作的执行者经常存在误解，认为合规部内部的合规官是唯一执行合规工作的主体，然而他们所履行的职责仍主要属于合规管理的范围，执行合规工作的应当是每一个业务部门中的员工。这样的规定才能真正保障合规嵌入业务，预防合规工作“表面化”。如《中央企业合规管理指引（试行）》第11条规定：“业务部门负责本领域的日常合规管理工作，按照合规要求完善业务管理制度和流程，主动开展合规风险识别和隐患排查，发布合规预警，组织合规审查，及时向合规管理牵头部门通报风险事项，妥善应对合规风险事件，做好本领域合规培训和商业伙伴合规调查等工作,组织或配合进行违规问题调查并及时整改。监察、审计、法律、内控、风险管理、安全生产、质量环保等相关部门,在职权范围内履行合规管理职责。”

所谓的“合规执行层”,即那些在日常业务中坚守合规规则的员工。他们才是面对法律风险的一线人员。例如,企业中的合规官可能永远不会面对研发、生产、销售等核心业务环节的违法犯罪“诱惑”,因为他们不会履行相关职责,无法进入相应的工作场景。然而,面临“诱惑”需要坚守底线,坚守各类合规管理规定的正是这些业务部门的员工。以采购环节中的合规执行为例。基于我国央企强大的资金实力、稳定的资源需求、长期的信誉保障,许多民营企业都认为获得央企的采购订单是绝佳的商业机会。这是因为,相较成为其他企业的供货商,成为央企的供货商可以免于担心拖欠款项、经营倒闭、合作不当中断等问题。合规官的岗位职责是拟定采购环节的反腐败规定细则,对采购岗位负责人及员工进行必要的培训。而需要落实这些反腐败合规细则,在实践中拒绝贿赂“诱惑”的人是采购部门的人员。他们的执行水平直接反映了企业的合规有效程度。所以,作为业务部门的员工是合规工作的“第一道防线”,他们才是在日常中落实繁杂合规工作的人员;合规管理层和合规统筹层所担当的职责属于“第二道防线”,即对业务部门员工的合规情况进行监督、管理、统筹等;而一些企业还设有合规缉查部门和合规审计部门,他们将作为合规工作的“第三道防线”,在合规风险事件发生后作出及时应对。

在合规建设之中,合规执行层和合规管理层的衔接问题是众所周知的难题,需要建立能够将合规嵌入业务的管理体系。这是因为,合规官一般不直接接触企业业务,他们无法详细知悉业务环节中隐匿的各类合规风险,也无法对业务部门员工的合规执行情况进行实时监督,这会严重威胁合规工作的有效性,甚至造成“纸面合规”的后果。对此,在实践中已经开始了诸多探索,包括一些央企任命业务部门中的一名员工为合规联络员或兼职合规官,由其落实双重的工作职责。作为业务部门的成员,其负责履行常规业务,向业务主管汇报工作;而作为合规部门的成员,其也需要负责监督其部门成员的合规工作,向合规主管汇报情况。但是,对于具体的落实途径,我国央企仍在探索过程中。

在实践中,自《中央企业合规管理指引(试行)》实施后,各家央企积极建立合规管理体系,时至2021年12月,所有央企已经由主要负责人员牵头成立合规委员会,70多家企业在业务部门和一线项目设立合规联络员,全系统的专、兼职合规管理人员超过3万人。在综合合规的基础上,还有88家企业出台重点领域专项指引,90%的企业及时按照合规要求优化制度体系。这表明,我国央企已经基本实现了合规管理体系的基础建设,进入了强化阶段。国资委也正式部署开展"合规管理强化年"工作,强化领导合规意识,要求央企领导干部带头落实管理制度,严格依法依规决策,将合法合规性审查作为必经的前置程序,对违规行为"一票否决"。①

总之,在国资委要求央企建立综合合规计划的氛围下,在各个央企近4年的合规工作努力当中,我国的央企合规进程已经开启并不断深化发展。所有的央企基本已经依据本书首章所言的合规"六要素"制订了合规总体政策,分配了合规工作人员,形成了合规管理结构。未来,在综合合规计划建设完善之后,央企将进入专项合规计划的建设阶段,由各企业依据自身风险重点优化合规资源的配置。

① 参见《法治日报:宪法宣传周国资委部署中央企业强化合规管理 有力保障央企改革发展任务在法治轨道稳步推进》,载国务院国有资产监督管理委员会官网2021年12月9日,http://www.sasac.gov.cn/n4470048/n16518962/n20648677/n20648712/c22138993/content.html。

第二节 企业境外经营合规标准

近年来,随着我国企业走出国门,在境外经营的企业面临合规风险,它们可能会因为"无合规"而被外国制裁,甚至可能需要作出天价赔偿,同时即便被解除制裁也需要这些企业完成相应的合规建设。在这种较紧迫的国际贸易和商业环境下,我国发展改革委、外交部、商务部、中国人民银行、国资委、外汇局、全国工商联于2018年共同制定了《企业境外经营合规管理指引》,适用于开展对外贸易、境外投资、对外承包工程等"走出去"相关业务的中国境内企业及其境外子公司、分公司、代表机构等境外分支机构。需要特别强调的是,该指引作为建议性文件,没有建立强制合规义务,只是为那些自愿建立合规计划的境外经营企业提供参考。从整体来看,该指引没有提及具体的法律风险领域,也没有提及具体的企业经营行业,属于行政法律领域的综合合规计划标准。与《中央企业合规管理指引(试行)》相比,该指引的法律属性较弱而管理属性较强,因此,原则性和非法律性表述更多,为各家境外经营企业留有更大的调适空间。

《企业境外经营合规管理指引》的参照基础是专业管理标准,因此其技术性较强。该指引第1条明确规定:"为更好服务企业开展境外经营业务,推动企业持续加强合规管理,根据国家有关法律法规和政策规定,参考GB/T 35770—2017《合规管理体系指南》及有关国际合规规则,制定本指引。"该条所指《合规管理体系指南》是我国原国家质量监督检验检疫总局和国家标准化管理委员会于2017年依据国际标准化组织于2014年发布的《合规管理体系 指南》(ISO 19600:2014)[目前该文件已经被《合规管理体系 要求及使用指南》(ISO 37301:2021)所更新和替代]制定的,二者的内容相似度较高,所采用的话语体系较一致。这类技术性合规标准的特征在于,它们对组织管理不提出具体要求,只提供建立合规管理体系的指南和建议做法。这类技术性标准采用的规范语言为管理类和技术类语言,涉及的内容较复杂,旨在为所有类型的企业提供一个详尽参考,让企业依据自身特色从技术性标准中挑选合适的合规要素和合规方法。

因此,由于借鉴技术性合规标准,《企业境外经营合规管理指引》没有从合规管理层以及各人员合规职能和责任的角度进行规范,而是从企业整体管理的角度对“合规管理要求”“合规管理架构”“合规管理协调”“合规管理制度”“合规管理运行机制”“合规风险识别、评估与处置”“合规评审与改进”“合规文化建设”八个问题进行具体规范。

“合规管理要求”实质上是将合规风险发生的场景进行了初步细化,对于境外经营企业来说,主要有四类经营行为:第一,对外贸易,相关合规工作要求,企业全面掌握关于贸易管制、质量安全与技术标准、知识产权保护等方面的具体要求,关注业务所涉国家(地区)开展的贸易救济调查,包括反倾销、反补贴、保障措施调查等;第二,境外投资,相关合规工作要求,企业全面掌握关于市场准入、贸易管制、国家安全审查、行业监管、外汇管理、反垄断、反洗钱、反恐怖融资等方面的具体要求;第三,对外承包工程,相关合规工作要求,企业全面掌握关于投标管理、合同管理、项目履约、劳工权利保护、环境保护、连带风险管理、债务管理、捐赠与赞助、反腐败、反贿赂等方面的具体要求;第四,境外日常经营,相关合规工作要求,企业全面掌握关于劳工权利保护、环境保护、数据和隐私保护、知识产权保护、反腐败、反贿赂、反垄断、反洗钱、反恐怖融资、贸易管制、财务税收等方面的具体要求。

“合规管理架构”将合规管理责任划分为三类:决策、管理、执行,这种划分方式与央企合规要求有一定的相似性。合规管理机构分为合规委员会、合规负责人、合规管理部门三部分,无论企业的规模和条件,至少应当有履行合规管理职责的合规负责人(首席合规官)。首先,合规委员会被规定为企业合规管理体系的最高负责机构,负责:(1)确认合规管理战略,明确合规管理目标;(2)建立和完善企业合规管理体系,审批合规管理制度、程序和重大合规风险管理方案;(3)听取合规管理工作汇报,指导、监督、评价合规管理工作。其次,合规负责人是合规管理工作具体实施的负责人,负责:(1)贯彻执行企业决策层对合规管理工作的各项要求,全面负责企业的合规管理工作;

(2)协调合规管理与企业各项业务之间的关系,监督合规管理执行情况,及时解决合规管理中出现的重大问题;(3)领导合规管理部门,加强合规管理队伍建设,做好人员选聘培养,监督合规管理部门认真有效地开展工作。最后,合规管理部门就是指"合规部",所列的10项责任基本包含了风险评估、违规调查、合规考核、合规审计所有可能的合规相关工作。

"合规管理制度"将合规章程(合规总体规定)所应包含的内容分为合规行为准则、合规管理办法、合规操作流程三部分。"合规管理运行机制"则主要是指合规培训、合规汇报、合规考核、合规咨询与审核、合规信息举报与调查、合规问责6项主要内在制度。"合规风险识别、评估与处置"则进一步强调合规风险问题,但没有详细的风险类型划分,也没有具体的识别、评估和应对的方法。"合规评审与改进"则包含合规审计、合规管理体系评价、持续改进3项问题。"合规文化建设"则分为文化培育和文化推广两部分。

《企业境外经营合规管理指引》当中,最核心的内容就是强调合规不只是针对国内法的合规,还要包含企业境外经营地的法律合规,如"我国及业务所涉国家(地区)"是出现频率最高的表述。央企合规要求是从责任出发的,通过规范各个责任主体而形成整体的合规机构,而境外经营企业合规要求则是从合规要素出发的,依据境外经营中的特性和企业管理中的用词将合规责任进行拆解和分类。二者的共性则是,因为都属于综合合规计划,且其所适用的企业类型和经营领域较多,所以无法总结出具体的、共性的核心合规风险。因此,在应对措施方面也只能以建立合规管理体系为主,无法有针对性地解决具体的企业合规问题。在适用到某家企业、某个案件中时,需要合规顾问、合规官以及其他合规专业人士进行全方面调整,以合理地嵌入企业原本的经营管理体系,才能够发挥预防违法犯罪的实际功能。

第三节　特殊行业专项合规标准

在我国,一些特殊领域的企业也面临合规强制义务,银行、保险、证券公司等金融类企业因为关系国家的经济命运而被赋予了较高的合规要求,成为中国第一批具有强制合规义务的企业。此外,随着近年来"阿里巴巴反垄断案""美团反垄断案"的调查,反垄断合规也开始在国内蓬勃发展。近年,随着信息技术及个人隐私和信息保护制度的日益健全,国家越来越注重对数据和信息的保护,这使许多互联网、高科技、信息化企业面临较大的法律风险和法律压力,数据合规也开始备受关注。

▶ 一、金融行业合规

在国家监管的视角下,金融业是最危险和重要的行业,因为金融是串联市场经济的纽带,许多其他行业创造的财富最终会流入金融行业。一家金融企业的崩溃就会带来直接的连锁反应,导致无数关联企业倒闭,甚至可能严重影响整个国家的生存和发展。但是,由于金融企业经营的技术性较高,产品更新迭代较快,企业内部的规则和秩序难以被外部监管者和公众所轻易理解,这导致许多相关违法犯罪行为都是在严重连带社会后果发生之后才被发现的。著名的"麦道夫诈骗案"就是典型例证。① 伯纳德·麦道夫(Bernard L. Madoff)于1960年在美国华尔街注册了一家证券投资交易公司,通过确保投资的高利润回报,在数十年间吸引了大量的投资者,然而,麦道夫及其公司没有真正的投资交易和盈利,返给老客户的利润完全源于新客户的资产投

---

① See Christine Hurt, *Evil Has a New Name (and a New Narrative): Bernard Madoff*, 4 Michigan State Law Review 947 (2009).

入,整个商业模式是一个巨大的庞氏骗局。直至2008年,整个商业丑闻才浮出水面,麦道夫及其公司共计造成了投资者近500亿美元的损失。麦道夫承认了检察官的指控,于2009年被判决150年监禁,但当时麦道夫已经71岁了,这意味着他真正服刑的时间非常有限。有许多美国市场研究者认为,麦道夫及其公司的恶行就是导致美国当时金融危机的直接"导火索"。我国的P2P爆雷、小额贷款公司倒闭等情况,归根结底就是这些企业采取了相似的欺诈金融盈利模式,而这些"创新性"金融行为在产生的初期,由于技术和知识的局限,我们难以预测行为所带来的市场效果,相似问题都是在数年之后才被监管机关发现的。基于金融企业不当行为的特殊破坏力、隐匿性、延迟性,国家监管资源经常"捉襟见肘",这就是为什么国家开始着重在这个领域推动合规建设,甚至对许多金融企业建立了强制合规义务。

我国的合规建设始于金融企业的合规建设。早期是对银行提出强制性的合规要求,特别是对其中的反洗钱合规管理体系建设进行规范,之后也包括对保险公司进行合规指引,对证券企业的合规责任予以说明和强调,接续出台了《商业银行合规风险管理指引》《证券公司和证券投资基金管理公司合规管理办法》《保险公司合规管理办法》等制度文件。

(一)银行合规

众所周知,金融行业中最重要的企业类型就是银行,银行的信用体系崩溃会直接而快速地影响人们的生活,所以合规走入我国金融市场也是从对银行提出建设合规计划的要求开始的。我国银行的合规建设可以分为两个阶段:综合合规阶段和反洗钱合规阶段。前者是指国家以出台法律法规及发布合规指引的方式推动银行建立综合合规计划,加强内控,对所有法律风险一体化防范;后者是指国家以完善反洗钱立法和相关合规细则的方式要求银行建立反洗钱合规计划,专门针对洗钱类的违法犯罪风险进行防范,因为这类风险在银行业的经营中最常见。

1. 银行综合合规

2006年我国银监会发布《商业银行合规风险管理指引》,是我国首部直接就合规问题作出指引的部门规章,要求在我国境内设立的中资商业银行、外资独资银行、中外合资银行和外国银行分行依据该指引建立合规管理体系,对这些银行建立了综合合规义务。该指引第 26 条还特别对商业银行建立了合规备案义务和合规报告义务,要求:“商业银行应及时将合规政策、合规管理程序和合规指南等内部制度向银监会备案。商业银行应及时向银监会报送合规风险管理计划和合规风险评估报告。商业银行发现重大违规事件应按照重大事项报告制度的规定向银监会报告。”此外,其第 27 条强调:“商业银行任命合规负责人,应按有关规定报告银监会……”从这些条款的语言,结合文件的性质,该项建立合规管理体系的综合合规义务是强制合规义务,违反规定,没有建立合规管理体系的银行,甚至可能面临原银监会的监管处罚。

作为首个合规官方文件,《商业银行合规风险管理指引》对“合规”一词的定义予以特别说明:“本指引所称合规,是指使商业银行的经营活动与法律、规则和准则相一致。”该指引还对“合规风险”进行解释:“本指引所称合规风险,是指商业银行因没有遵循法律、规则和准则可能遭受法律制裁、监管处罚、重大财务损失和声誉损失的风险。”同时,该指引还对合规风险管理如何嵌入银行传统的风险管理体系作出了原则性说明:“合规管理是商业银行一项核心的风险管理活动。商业银行应综合考虑合规风险与信用风险、市场风险、操作风险和其他风险的关联性,确保各项风险管理政策和程序的一致性。”这种定义方法和内容与本书首章对合规的概念解释相一致。

在对合规管理体系要素的解读方面,《商业银行合规风险管理指引》采取了“五要素”的方式,认为合规风险管理体系应当包含:“(一)合规政策;(二)合规管理部门的组织结构和资源;(三)合规风险管理计划;(四)合规风险识别和管理流程;(五)合规培训与教育制度。”这些要素的本质内容与本书首章提出的合规“六要素”理论基本一致,只是将“违规举报制度”“第三方管理制度”这类具体要素内化为“合规风险管理计划”或“合规风险识别和管理流程”的一部分。在合规管理责任分配方面,该指引也从董事会、监事会、经理层三个方面细化合规职责,再进一步细化合规管理部门的职责。

至今,我国所有的商业银行都必须按照《商业银行合规风险管理指引》建立合规管理体系,并全面地履行综合合规义务。

2. 反洗钱专项合规

我国《中华人民共和国反洗钱法》(以下简称《反洗钱法》)于2006年出台,首次在国家法律层面建立强制性的专项合规义务。该法第15条规定:“金融机构应当依照本法规定建立健全反洗钱内部控制制度,金融机构的负责人应当对反洗钱内部控制制度的有效实施负责。金融机构应当设立反洗钱专门机构或者指定内设机构负责反洗钱工作。”这是要求:在我国境内设立的金融机构和按照规定应当履行反洗钱义务的特定非金融机构必须建立反洗钱合规计划,其中最主要的义务主体就是银行。除建立反洗钱合规计划的义务外,还要求:金融机构负责人对反洗钱内控制度的实施负责;建立客户身份识别制度;建立客户身份资料和交易记录保存制度;按照规定执行大额交易和可疑交易报告制度;开展反洗钱培训和宣传工作。可见,银行所承担的反洗钱义务以建立反洗钱专项合规管理体系为纽带,最终目的在于确保银行在日常的经营管理中全面遵守和履行复杂的反洗钱法律义务。

虽然《反洗钱法》是建立银行反洗钱合规义务的法律,但其没有对如何建立反洗钱合规计划进行具体指导。所以,中国人民银行作为银行业反洗钱问题的主要监管部门,于2006年出台《金融机构反洗钱规定》。其第8条规定:“金融机构及其分支机构应当依法建立健全反洗钱内部控制制度,设立反洗钱专门机构或者指定内设机构负责反洗钱工作,制定反洗钱内部操作规程和控制措施,对工作人员进行反洗钱培训,增强反洗钱工作能力。金融机构及其分支机构的负责人应当对反洗钱内部控制制度的有效实施负责。”该条所进行的总体性反洗钱合规指引结合《商业银行合规风险管理指引》所述的合规管理体系,指导了过去10余年间在实践中商业银行的反洗钱合规管理实践。

在实践中,绝大多数的商业银行都在董事会之下成立了反洗钱委员会,由行长担任主任,副行长担任副主任,各个部门都有成员参与。该委员会的主要职责是制定反洗钱细则、听取反洗钱报告、组织反洗钱培训等,基本每季度召开一次会议,委员会成员部门享有讨论反洗钱事件、提议召开会议等权利和义务。在面临重大反洗钱事件时,银行还会形成专项工作组,负责解决具体的风险事件。此外,各个银行还会制定内部的《反洗钱合规培训管理办法》《客户尽职调查管理实施细则》《洗钱风险评估管理办法》等文件，对于反洗钱合规计划运行中的细节工作进行规制和完善。

截至 2022 年 1 月，我国正处于反洗钱相关法律修订的进程之中，未来可能会对反洗钱合规义务进行细化。在域外，不同规模的银行所要承担的反洗钱合规义务有差异，如法律明确规定大型银行必须建立反洗钱委员会，必须有独立的反洗钱合规部门等，而中、小型银行则可以在组织体系上相应地放宽要求、节约成本。

（二）保险合规

在解决银行的合规问题之后，我国于 2016 年开始了对保险行业的合规治理，主要由保监会发布的《保险公司合规管理办法》作为统领性文件，该办法指导建立的合规管理体系所属的合规类型仍然是综合合规计划，所施以的合规义务也具有强制属性。以《商业银行合规风险管理指引》为参照，《保险公司合规管理办法》要求保险公司建立的合规管理体系具有以下特征：

第一，强调合规负责人的独立性。虽然银行合规中也要求任命独立的合规负责人，但没有对如何保障合规负责人的独立性作出具体说明，而保险合规的规定从其职能设置和任免程序的角度充分补足了这一点。《保险公司合规管理办法》第 11 条规定："保险公司应当设立合规负责人。合规负责人是保险公司的高级管理人员。合规负责人不得兼管公司的业务、财务、资金运用和内部审计部门等可能与合规管理存在职责冲突的部门，保险公司总经理兼任合规负责人的除外。本条所称的业务部门指保险公司设立的负责销售、承保和理赔等保险业务的部门。"该办法第 12 条规定："保险公司任命合规负责人，应当依据《保险公司董事、监事和高级管理人员任职资格管理规定》及中国保监会的有关规定申请核准其任职资格。保险公司解聘合规负责人的，应当在解聘后 10 个工作日内向中国保监会报告并说明正当理由。"前条款要求合规负责人不能担任或管理利益冲突部门的工作，并明确指出了这些利益冲突部门的范围；后条款从合规监管人任免的角度进行了严密的程序设计，防止保险公司任命不合格的负责人，或者是无故解聘那些合规的负责人。

第二,明确合规岗位数量。银行合规规定中没有对合规岗位的设置进行细化,而《保险公司合规管理办法》则在这方面进行了强调。该办法第 18 条规定:“保险公司应当根据业务规模、人员数量、风险水平等因素为合规管理部门或者合规岗位配备足够的专职合规人员。保险公司总公司和省级分公司应当为合规管理部门以外的其他各部门配备兼职合规人员。有条件的保险公司应当为省级分公司以外的其他分支机构配备兼职合规人员。保险公司应当建立兼职合规人员激励机制,促进兼职合规人员履职尽责。”这主要是为了保障有足够多的人员实施合规管理和合规执行工作。在早先的《保险公司合规管理办法(征求意见稿)》中,其第 18 条还进一步明确规定,“……保险集团公司、保险公司总公司专职合规人员数量不少于本级机构工作人员人数的 3%。保险公司省级分公司、中心支公司应当根据业务规模、人员数量、风险水平等因素配备专职合规人员。省级分公司专职合规人员的数量不少于两名,中心支公司专职合规人员的数量不少于一名……”。虽然该部分规定最终没有被采纳,但其呈现出了合规岗位继续细化的趋势。

第三,明确违反强制合规义务的处罚。银行合规对未建立合规管理体系或合规管理体系无效的企业没有明确的处罚办法,而保险合规则以更直观的处罚结果形成威慑力。《保险公司合规管理办法》第 38 条规定:“保险公司及其相关责任人违反本办法规定的,中国保监会可以根据具体情况采取以下监管措施:(一)责令限期改正;(二)调整风险综合评级;(三)调整公司治理评级;(四)监管谈话;(五)行业通报;(六)其他监管措施。对拒不改正的,依法予以处罚。”

总之,相较银行合规而言,保险合规充分总结了 10 年以来的金融合规经验,将综合合规义务予以细化,在实践中更具指导意义。

(二)证券合规

2017 年我国证监会发布了《证券公司和证券投资基金管理公司合规管理办法》(2020 年修订),要求我国境内设立的证券公司和证券投资基金管理公司按照该办法实施合规管理,这也是强制性的综合合规。比照《保险公司合规管理办法》,该办法的特殊之处主要体现在以下三个方面:

第一,对合规负责人的专业背景有明确要求。银行合规和保险合规的规定中都要求合规负责人具有较高水平的相关经验,但没有对具体的工作年限和资质问题进行细化。然而,《证券公司和证券投资基金管理公司合规管理办法》第18条规定:“合规负责人应当通晓相关法律法规和准则,诚实守信,熟悉证券、基金业务,具有胜任合规管理工作需要的专业知识和技能,并具备下列任职条件:(一)从事证券、基金工作10年以上,并且通过中国证券业协会或中国证券投资基金业协会组织的合规管理人员胜任能力考试;或者从事证券、基金工作5年以上,并且通过法律职业资格考试;或者在证券监管机构、证券基金业自律组织任职5年以上;(二)最近3年未被金融监管机构实施行政处罚或采取重大行政监管措施;(三)中国证监会规定的其他条件。”此外,该办法对于合规部门内部的人员也有详细的资质要求,以从人员选任的角度最大限度地保障专业性。

第二,为合规员工的履职提供保障。在既往的合规规定没有明确合规员工的薪酬标准时,合规员工由于不能创造可量化的业绩,时常处于企业管理中的边缘地位,不利于合规员工合规工作的积极性。基于此,《证券公司和证券投资基金管理公司合规管理办法》对合规员工的薪酬标准作了规定。其第28条规定:“证券基金经营机构应当制定合规负责人与合规管理人员的薪酬管理制度。合规负责人工作称职的,其年度薪酬收入总额在公司高级管理人员年度薪酬收入总额中的排名不得低于中位数;合规管理人员工作称职的,其年度薪酬收入总额不得低于公司同级别人员的平均水平。”

第三,建立外部合规审计制度。以往的合规管理体系有效性审计主要由企业内部的合规人员负责,这等同于要求员工自己对自己的工作纠错,因而难以保障纠错工作的客观性和专业性。基于此,证券合规的规定首次引入了外部合规审计制度。《证券公司和证券投资基金管理公司合规管理办法》第31条规定:“证券基金经营机构应当组织内部有关机构和部门或者委托具有专业资质的外部专业机构对公司合规管理的有效性进行评估,及时解决合规管理中存在的问题。对合规管理有效性的全面评估,每年不得少于一次。委托具有专业资质的外部专业机构进行的全面评估,每3年至少进行一次。中国证监会及其派出机构发现证券基金经营机构存在违法违规行为或重大合规风险隐患的,可以要求证券基金经营机构委托指定的具有专业资质的外部专业机构对公司合规管理的有效性进行评估,并督促其整改。”

总之,从银行合规、保险合规、证券合规的发展来看,我国金融行业的合规制度建设正处于不断完善的进程之中,其制度特征以建立强制合规义务为主,旨在保障这些影响“国家命脉”的企业能够自主地、有效地、长期地依法依规经营。

二、互联网行业反垄断合规

在金融行业合规之外,在我国互联网巨头型企业不断壮大的市场时代,反垄断合规成为当前的新兴合规领域。但是,与金融领域的合规相比,我国反垄断合规是指导性的,不是强制所有的企业都要建立反垄断合规计划,仅鼓励和指导那些有垄断风险的巨头型企业建立反垄断合规管理体系,并在一些反垄断处罚决策中增加指导它们落实反垄断合规计划的具体建议。在实践中,我国目前涉及反垄断风险的企业主要是互联网企业,因此这项反垄断合规活动也被称为“互联网行业反垄断合规”。

我国互联网反垄断合规进程正式始于2020年,以《经营者反垄断合规指南》为核心指导文件。该指南是国务院反垄断委员会为鼓励经营者培育公平竞争的合规文化,建立反垄断合规管理制度,提高对垄断行为的认识,防范反垄断合规风险,保障经营者持续健康发展,促进《反垄断法》的全面实施,根据《反垄断法》等法律规定制定的指南。与金融行业的三大强制合规文件相比,反垄断合规没有明确其适用的企业范围,所包含的合规要素基本相同,采用了更宽泛化和原则化的语言。作为专项合规计划,其特殊性在于专门对合规风险重点予以明确,将基于反垄断合规风险点的风险防范概括为禁止达成垄断协议、禁止滥用市场支配地位、依法实施经营者集中三个方面,要求相关企业围绕这三方面调整合规管理体系。自该指南发布以来,我国浙江、天津、上海、四川、贵州、河北、河南、湖北、湖南、山东等地相继推出地方经营者反垄断合规指引,从不同角度进一步丰富了经营者反垄断合规的内容。但是,由于这些规定的出台时间较短,这类指引性规定在实践中的采纳情况尚未可知。

在实践中,我国 2021 年发生的“阿里巴巴反垄断案”和“美团反垄断案”是反垄断合规的两大生动实践。两个案件的共性在于,这两大互联网平台利用自身的信息资源优势强迫用户进行“二选一”,排斥用户在其他平台上线或交易,以此打压其他同类的互联网平台。在监管执法的视野下,阿里巴巴和美团都被国家市场监督管理总局处以了史无前例的巨额罚款,分别被罚 182 亿余元和 34 亿余元。但是,缴纳罚款不是案件的终结,国家市场监督管理总局对这两个公司同时发布了《行政指导书》,要求其建立并完善反垄断合规计划,并就合规情况定期向市监局报告。这两家企业在建立反垄断合规计划的过程中,必然会参考《经营者反垄断合规指南》的具体内容,这在一定程度上使反垄断合规具有了更广泛的实践指导意义。

总体而言,我国特殊行业的合规进程才刚刚开始,互联网行业的反垄断合规将不断深化,甚至存在垄断行为入刑以及特殊企业反垄断合规义务强制化的可能性。此外,随着《网络安全法》《个人信息保护法》的出台,数据合规也将成为我国新兴的专项合规领域,与反垄断合规一样,将主要适用于那些以数据收益为生的互联网企业。

第四节　一般企业自愿合规动态

除前面章节所述的特殊性合规规定,我国对于一般企业没有作出合规要求,绝大多数企业的合规具有自愿性,即它们可以依据自身情况自主决定是否建立合规管理体系以及着重建立哪些专项合规计划,通过参考其他企业的合规实践,结合技术性合规标准,探索如何实现有效合规。

目前,我国能够自主自愿建立合规管理体系的企业数量非常少。在实践中,制约企业合规自愿性的因素主要有四个:第一,成本问题。建立合规管理体系显然需要消耗大量的经营成本。没有强制合规义务的企业,特别是中小微民营企业,不愿意花钱、花精力在难以产生盈利的合规建设上。第二,激励问题。我国行政监管法律和刑事法律体系中缺乏激励企业建立合规的普适性制度,绝大多数企业即使建立合规计划,并未在市场中被优待或被执法机关所宽待,因此少有企业自主选择这份"费力不讨好"的工作。第三,执法问题。以往我国企业被国内外政府制裁的可能性不高,许多企业怀着"违法犯罪也不会被制裁"的侥幸心理拒绝花费成本建立合规管理体系。第四,服务问题。我国的合规服务市场才刚刚开始发展,缺乏专业的合规官、合规师,所以即使企业想要主动地建立合规管理体系,也可能因为找不到合适的专家顾问而被迫放弃。

▶ 一、成本问题

"合规是那些大企业的问题,初创企业、民营企业没有必要花费成本去建立合规计划",这是实践中部分企业的一种常见观点。[①] 但是,这种观点错

---

① 参见周鎝:《不是所有企业都需要合规管理?》,载搜狐网 2020 年 9 月 3 日, https://m. sohu. com/a/416230006_571013。

误地理解了合规与成本之间的关系。合规不一定会消耗巨大的经营成本。

合规是现代化的企业管理制度,其目标是促使企业在日常运营中警惕行政和刑事法律风险,而不是要求企业盲目地具备各类合规要素。初创企业、民营企业面临的法律风险,也需要在管理架构中予以防范。如果内部问题隐患积累为违法犯罪事件,则可能导致前期所有的努力都毁于一旦,给社会公共利益造成连锁性损害。因此,保护这些企业的方法不是让它们忽视合规,而是帮助它们在合理的成本范围内建立、融入恰当的合规管理体系。

第一,“合规风险识别”要素要求企业发现自身运营可能带来的核心法律风险并实时检测和评估风险变化。在大型、跨国企业中,由于风险点较多且分散,可能需要借助较昂贵的技术性措施保持风险识别工作的有效开展。例如,有企业建立了一套网络监控体系,对员工工作邮件进行敏感词筛查,对商业谈判的录像进行风险分析,以技术手段对筛选出的风险点进行评级和测绘。但是,在需要管控成本的中小微企业中,风险类型一般较单一,风险点集中于运营中的个别环节。相应地,风险识别工作可能只需要企业高级管理人员以与员工谈话、关注监管政策变化等方式落实。只要充分建立合规意识,就不会忽略这些问题。

第二,“制订合规章程”要素要求企业将合规管理的制度和规则纸面化。这也不意味着需要单独制订数百页的合规章程或员工行为手册,该内容可以数个条文的形式存在,只要保障内容的完整性和公开性即可。甚至,当前网络上已经有很多免费的、模板化的小微企业合规章程,可供各个企业参考借鉴。

第三,“形成合规组织”要素要求企业有专人负责合规工作的落实。在中小微企业内部,站在成本节约的角度,仅设置一名或几名合规官可能就足以实现该目标,只要这些从事合规工作的人员被配备充分的管理职权和资源。甚至,在没有任职利益冲突的情况下,合规工作可以由一些有管理话语权的人兼任,所带来的实质成本非常小。

第四,“建立违规举报”要素要求企业的员工有发声的渠道。对此,各国行政管理历史上形成的“匿名信函举报”“市长电话”等实践已经能够为企业内部的违规举报提供充分的经验以供借鉴。中小微企业可能只需要在首席合规官、董事长等人的办公室前设立一个“举报信箱”，或开通一个“举报热线”，就能够以低成本的方式满足违规举报的需要。当发生举报事件时，可以由管理者根据事件的风险程度和调查难度组成临时工作小组予以核实。这既能够满足要求，又能够节约资源。

第五，“组织合规培训”要素要求企业将合规计划的内容和精神传达给员工，要求他们在实践中执行合规规则。在中小微企业中，可以简单地通过定期进行员工谈话、举办员工讨论会等形式实施合规培训，无须复杂地建立培训制度。在小集体的范围内，这种非正式培训的实施方法可能更加能够引发员工的接纳感，在节约成本的同时提升效果。

第六，“管理第三方”要素要求企业在商业往来的过程中只与守法守信的第三方合作。大企业可能需要聘任专门的尽职调查团队，但对于中小微企业来说，合作和交易的流程较简化，对第三方管理的尽职调查和合规管理，可以由经营人员以走访、打听、口头告知的方式予以落实。这显然也不需要花费巨大成本。

总之，对于法律没有建立合规义务或作出合规指引的企业，即那些不涉及特殊行业经营的小规模民营企业，建立合规管理体系不一定会带来巨大的成本负担。企业管理者和合规负责人可以通过调适合规要素的方式将其经济而简单地融入日常管理活动中。从国家监管视角，也可以通过建立小微企业合规管理体系指引或模板的方式，引导这些企业消除对合规成本问题的过分担忧。

二、激励问题

在合规商业文化尚未建立的当下，国家正着手从经济和法律两方面加强对企业合规进行鼓励和激励，试图全面提升企业的合规主动性。

在经济层面，合规的建立可以为企业带来直观的商业利益。许多外国政府机构和行业协会在招商引资、商贸合作、竞标等过程中会优先考虑给予有合规管理体系的企业以机会。对此，我国虽然没有形成制度化文件，但在实践中也已经产生了萌芽。例如，某些地区政府在进行工程建设项目招标的过程中,会优先考虑已有合规管理体系的企业,因为它们在未来落实工程建设的过程中发生安全隐患的概率更低。再如,一些大型的国企和央企在达成项目合作以前,会开展尽职调查,着重考察拟定合作企业是否有合规管理体系。如果企业早已存在相应的合规管控措施,那么合作的达成会更顺利。如此来看,随着营商环境法治化进程的深化,合规正逐渐成为企业展现“信誉”和“能力”的关键。未来,随着经济激励方法和规则的不断优化,只有建立合规管理体系的企业才能在市场竞争中获得充分的优势。

在法律层面,合规的建立可以为一些企业带来处罚从宽或免责的实际效果。如果将企业比作一个自然人,那么这个自然人认识和管理自己行为的能力是有限的。企业的“脑”和“手”是分离的,其行为由管理层进行决策,而后续由个别员工代为执行,决策和执行主体的事实分离使完全的行为管控具有难度。即使是管理程度最高的企业,也难以完全避免存在发生个别“失控”现象的可能性。因此,我们对企业的要求不能过高或过于不切实际,对于那些已经尽力地管控自身行为的企业,国家可以从法律后果的层面对其合规努力予以充分的认可和理解。就如同刑事司法制度对未成年人和精神病人犯罪都会酌情宽缓处理一样,企业也应当在自主进行合规的情况下有机会被免于或至少从轻处罚。如前文所述,在域外的行政处罚和刑事司法体系中,合规都已经成为企业免责或出罪的重要理由,在我国亦然,出现了合规不起诉改革、行政和解这类纳入合规的创新性执法活动。例如,在合规不起诉改革中,检察机关在处理企业涉罪案件时,可以对于一些前期管理程度较高的企业酌情纳入合规考察的范围,赋予他们被决定不起诉而摆脱刑事困扰的机会。随着这类企业执法改革的发展,那些没有合规强制义务的民营企业,如果自愿建立合规管理体系,就能最大限度地切割和规避法律风险。一是通过加强内部管控降低成为制裁对象的可能性;二是在意外风险事件发生时能够最大限度地“自证清白”,获得被从宽或免除处罚的机会。

三、执法问题

以往,我国自愿建立合规管理体系的企业数量不多,其重要原因就是我国过去的市场监管未得到充分落实。当时,我国仍然处在企业治理的探索阶段,社会发展水平和资源配置情况导致无法实现所有企业案件的完美执法。但是,我国正处于营商环境法治化、国家治理现代化的进程之中,“阿里巴巴反垄断案”、“美团反垄断案”、合规不起诉改革等都是国家执法能力不断提升的显著标志。未来,我们会看到更多的企业被警告、被处罚、被制裁。随着技术侦查、数字监控等新兴监管和执法手段的产生,企业违法犯罪越来越难以隐藏,伴随我国反腐败廉政建设,能够逃脱法律制裁的问题企业越来越少。随着国家执法方式的法治化和现代化,相应地,企业内部的管理思维也应当“除尘革新”,其中最重要的就是认识到不断上升的法律制裁风险,尽早建立对核心风险进行专项管控的合规管理体系。

不仅国内执法环境发生改变,我国企业在“走出去”的过程中也面临更大的被制裁风险。近年,随着我国经济和企业的强大发展显现,国外政府、国际组织也开始将执法目标放在我国企业身上。在实践中,域外各国立法都出现了“长臂管辖”的制度设计,甚至只要企业用美元进行贸易结算,就可能存在被美国依据法律制裁的风险。中兴事件、华为事件、格力事件等的发生都证明了我国企业在塑造中国品牌的过程中要警惕合规风险。不仅需要将我国的法律法规风险考虑在内,也要考虑域外法律法规、域外执法环境,甚至是国际关系变化。面对复杂的国际执法环境,重视建立合规管理体系才能更好地避免发生经营瑕疵和贸易摩擦。

作为现代化企业,作为有能力的企业管理者,应当能够敏锐察觉当前国内外执法环境的巨大变化,在企业经营方面更加主动地重视合规在企业经营和管理中的作用。

▶ 四、服务问题

不可否认的是,我国的合规服务市场才刚刚开始发展,缺乏真正懂合规,能够帮助企业建立有效合规计划的专业人员,这使一些企业的合规建设“有心而无力”。

2021 年 3 月 18 日,人力资源和社会保障部会同国家市场监督管理总局、国家统计局向社会正式发布了18个新职业信息,其中首次出现了"企业合规师"这一职业。在此前,合规服务没有在我国的法律市场受到重视,一般只有少数涉外律师在处理境内企业被外国政府制裁、被国际组织制裁的案件时才会接触合规问题。绝大多数的法律从业者只从事传统的法务工作或律师工作,只懂得如何为企业审理合同、解决民事诉讼纠纷、担任刑事辩护人等,不懂如何将法律语言与管理语言、经营语言相融合,无法将法律法规的要求融入企业内部的日常管理体系当中。此时,随着合规概念引入我国,随着行政合规和刑事合规实践的发展,也开始出现个别鼓吹合规服务的从业人员,他们将合规形容为超高额的法律服务,动辄收取数百万元的费用。这进一步使许多民营企业对于建设合规管理体系"望而却步"。因为在很多案例中,一些所谓的合规"专家",实际上是以过度包装知识的方式骗取高额的服务费用。这些人采取的常见做法有三种:第一,照搬国际上的合规管理标准,模板化和僵硬化地套入企业之中,无论这种体系是否适合目标企业的行业、规模、经营等,也无论这种合规管理体系是否真的能够预防违法犯罪事件的发生;第二,更严重的是,有的"专家"为企业增加繁杂的合规管理线条,严重地影响了企业的经营和决策效率,在消耗成本的同时,没有收获一点合规带来的利益;第三,有的"专家"混淆合规与传统法务工作,将一些民事纠纷解决、民事关系管理纳入合规业务范畴,夸大合规工作量和合规效果,以此为由让企业多缴费。企业和管理者通常是花钱了,却没有收获有效的合规管理体系效益。久而久之,企业的合规热情自然不高。

然而,这一合规服务市场的乱象只是暂时性的,我国的合规服务市场正向成熟化发展,懂合规的人才开始涌现。已经开始出现一些符合国际合规话语体系要求的书籍,也出现了一些针对"企业合规师"的正规培训课程,这意味着政府及市场正推动合规人才的培养进程。如本书所述,随着合规的"去神秘化",合规服务的价格和质量终将逐渐趋于稳定。在培育充分的合规人才之后,在合规服务市场成熟化之后,聘请专业的合规顾问团队、雇用有经验的合规官将不再是企业家所烦恼和忧虑的问题。

总之,我国已经开启企业合规制度建设进程,央企作为我国的代表型和责任性企业,在合规管理体系建设方面已经起到了一定的示范作用,后续的合规工作主要集中于合规义务的细化和合规标准的优化;涉及境外经营的企业也可以参考我国的国家指引性规定,自行选择是否需要落实合规管理体系建设;金融行业企业需要参照本行业的规章制度,落实强制性合规义务;互联网行业企业需警惕反垄断合规问题,按照中央和各地的指引性规定自主决定是否需要构建反垄断专项合规计划;对于一般企业,仍然处于自愿合规的阶段,但随着我国合规经营氛围的全面提升,主动建立合规计划的企业会获得更多可见的优势和利益。

第五章
企业如何建立有效合规计划？

从合规理论发展的角度来看,国内诸多学者已对合规管理的有效性进行初步研究,认为合规计划应在预防违法犯罪方面发挥有效作用,强调不能只建立纸面上的合规计划。[①] 然而,目前关于企业有效合规计划的理论研究主要偏重宏观构建,对于如何具体防止合规计划只是企业为了逃避处罚和制裁而制作的“纸面合规”,已经成为一个亟待解决的实践难题。应当指出,企业合规建设是消除企业违法犯罪“基因”的过程,本质上是企业道德问题,因此,企业合规建设的过程也是合规文化形成、发展、渗透的过程。

企业文化作为共同的价值观或指导原则,通常由企业领导塑造,并通过组织中的各种系统和程序加以强化,会影响员工的行为选择。企业对内自上而下自觉形成合规意识,对外主动向社会公示企业奉行合规文化。对那些以破坏规则为代价谋求短期“企业利益”的行为“零容忍”,既是保证企业稳健经营的底线,也是企业勇于承担社会责任的充分展现,对于实现企业做大做强的长期目标,具有决定性影响。因此,技术性指标只能作为企业合规的形式要件。只有将这些形式要件转化为企业文化才是合规有效性的实质标准。由于企业类型、规模、所处行业及所处发展阶段各不相同,可分配的合规资源也大相径庭,囿于专业与篇幅所限,本章旨在介绍企业构建并验证有效的合规计划的通常步骤和方法。

---

① 参见陈瑞华:《企业合规的基本问题》,载《中国法律评论》2020 年第 1 期。

第一节　日常性合规计划

企业合规计划,主要是指企业为了实现自身合规目的,依法依规对各项合规工作所进行的科学规划。学理上根据不同标准,对企业合规计划作出不同分类:依据合规计划的内容范围不同,可将合规计划分为综合性合规计划和专项性合规计划;依据合规计划的作用时效不同,可将合规计划分为年度性合规计划和临时性合规计划;依据企业合规计划的适用目的不同,可将合规计划分为常规性合规计划和监管性合规计划,也称为日常性合规计划和合规整改计划,这也是我国推进企业合规管理体系建设的两条主要进路。不同类型的合规计划内容会在不同维度上出现部分重合与交叉。

▶ 一、日常性合规计划的含义与特征

日常性合规计划,是指企业在没有违法、违规或者犯罪的情况下,根据常态化的合规风险评估结果,为防范企业潜在的合规风险,开展合规管理体系建设。① 早在2006年,中国银监会就颁布了《商业银行合规风险管理指引》;2016年,中国保监会发布了《保险公司合规管理办法》;2017年,中国证监会发布了《证券公司和证券投资基金管理公司合规管理办法》(2020年修正);2018年,国务院国资委发布了《中央企业合规管理指引(试行)》,国家发展和改革委员会也会同其他监管部门发布了《企业境外经营合规管理指引》等。这些合规指引为相关企业建立日常性合规管理体系提供了参考、标准和依据。日常性合规计划有如下基本特征。

---

①　参见尹云霞、李晓霞:《中国企业合规的动力及实现路径》,载《中国法律评论》2020年第3期。

（一）日常性合规计划针对的是潜在的合规风险

日常性合规计划渗透在企业管理运营的方方面面。尽管企业所属行业领域不同，但是科学合规的决策机制、流程严密的财务制度、合法合规的人事管理及对外展业活动是所有企业都不可或缺的经营管理环节，也是企业日常性合规的主要环节。例如，对于企业的经营管理者来说，严格按照法律、法规和企业章程规定的程序进行决策，既是决策内容合理性、可行性的保障，也是对决策者决策行为正当性的保障。企业对员工对外展业行为开展培训时，其培训内容不仅包括产品介绍、推广话术、维护客户关系等，还应当关注销售行为本身是否可能触及违法，甚至犯罪，如销售员是否可能通过不法手段获取公民个人信息，是否可能存在商业贿赂、串通投标行为等。由于员工的展业行为通常被认定为职务行为，一旦触发上述法律风险，企业将不可避免地陷入行政、司法追责和员工及其家属的双重责难。而有效的日常合规计划，有助于企业通过帮助员工熟悉法律红线，防范员工陷入不法，继而为企业构筑“防火墙”。因此，日常的合规与企业经营管理实际上密不可分，这一点，无论企业的主要经营活动发生在境内还是境外，均同样适用。

（二）日常性合规计划重点是特定风险领域的专项合规计划

基于业务类型、公司治理结构、商业模式的不同，企业所面临的具体合规风险也存在差异。日常合规计划的重点，是针对企业风险高发的重点领域、重点环节打造专项的合规计划。例如，《中央企业合规管理指引（试行）》就指出了合规管理的七个重点领域：市场交易、安全环保、产品质量、劳动用工、财务税收、知识产权、商业伙伴；三个重点环节：制度制定环节、经营决策环节以及生产运营环节；三类重点人员：管理人员、重要风险岗位人员以及海外人员。在海外从事经营业务的企业，更可能在违反《中华人民共和国出口管制法》、实施海外贿赂、违反数据保护法，乃至从事洗钱活动等方面遭遇制裁；而在国内从事生产、经营、贸易、投资等活动的企业，则更有可能在走私涉税、侵犯商业秘密、污染环境、非法经营、串通投标、侵犯个人信息等方面触及行政、刑事风险，并由此具有受到国内监管部门调查或者刑事追诉。因此，对于从事国际贸易或进出口业务的企业来说,需要重点打造反商业贿赂合规计划、诚信合规计划、出口管制合规计划、反洗钱合规计划、数据保护合规计划等专项合规计划。而对于那些单纯从事国内业务的企业来说,反垄断合规计划、反不正当竞争合规计划、反商业贿赂合规计划、知识产权保护合规计划、反洗钱合规计划、大数据保护合规计划、税收合规计划、证券合规计划、环境保护合规计划等则会成为重点。[①] 重点领域也就意味着重点风险,因此,无论是日常性合规还是监管性合规,专项合规计划都是重中之重。

以企业投资并购领域的反垄断合规风险为例,2021 年 11 月 20 日、[②] 2022 年 1 月 5 日,[③]国家市场监督管理总局对共计 56 起未依法申报违法实施经营者集中案进行审查,认为上述案件均违反了我国《反垄断法》第 21 条,构成未依法申报违法实施经营者集中,但最终的评估认为不具有排除、限制竞争效果,根据《反垄断法》第 48 条、第 49 条的规定作出行政处罚决定,对涉案企业分别处以 50 万元罚款。上述 56 家企业,均因股权收购、新设合并达到法定条件却未依法向国务院反垄断执法机构预先申报,而被认定为"违法实施的经营者集中"并受到处罚。这些企业看似只是偶然违反了《反垄断法》的申报义务,但实际上是企业在投资并购过程中,未能关注国务院《关于经营者集中申报标准的规定》、国家市场监督管理总局《经营者集中审查暂行规定》等反垄断规则体系的具体要求所导致的合规风险。对于投资型企业以及占据市场主导地位的经营性企业来说,反垄断风险并非偶发风险,应当将反垄断合规纳入企业的日常性合规计划。

(三)日常性合规计划应内化为公司治理结构的有机组成部分

为保证合规管理的有效性,企业需要从合规组织的建立与职能定位、合

---

① 参见陈瑞华:《中兴公司的专项合规计划》,载《中国律师》2020 年第 2 期。

② 参见《市场监管总局依法对 43 起未依法申报违法实施经营者集中案作出行政处罚决定》,载国家市场监督管理总局官网, https://www.samr.gov.cn/xw/mtjj/202111/t20211122_337134.html。

③ 参见江聃:《市场监管总局公布 13 起反垄断处罚案》,载《证券时报》2022 年 1 月 6 日,A001 版。

规体系运转的人力与资源保障、合规纳入考评机制等多层面来进行制度设计,并将合规审批纳入企业的业务审批流程中,真正将合规计划内化为公司治理结构的有机组成部分,而不是将合规停留在纸面上。

日常性合规是企业的主动选择,因此,需要结合企业自身实际情况,优先选择那些风险高发领域开展合规计划,成熟一个,制订一个,实施一个,并在实施过程中不断进行调整、完善。

▶ 二、日常性合规计划的章程和组织

几乎所有成功的合规体系都是企业在面临严峻考验时被动打造的。例如,西门子的合规体系开发于 2007 ~ 2008 年,最初是为了应对慕尼黑检察院、美国证券交易委员会、美国司法部及其他调查机关的刑事调查。在各行各业强监管的背景下,这种亡羊补牢式的“应急性被动合规”必然要被日常性的“主动合规”所替代。

(一)合规章程

合规章程是包含合规承诺、合规管理规范、合规政策和员工手册等在内的文件的统称。其中,合规承诺是企业宣言式、纲领性的文件,是企业自上而下全体人员必须遵循的行动准则,更是企业最高领导者对社会的公开承诺,代表了企业的价值观,是企业建立合规体系的标志性文件。在西门子的合规文件中,开宗明义提出保护西门子的声誉和价值观:“对西门子来说,倡导诚信意味着不论我们在何处开展业务都要按照西门子的价值观——勇担责任、追求卓越和矢志创新——行事。诚信的一个重要元素就是合规,即遵守法律法规和西门子内部的规章制度。我们对腐败、违反公平竞争原则及其他违法行为持零容忍态度,如果发生这些事件,我们会采取严格的惩戒措施。”

合规承诺统领下的公司合规管理规定、合规政策和员工手册等,旨在使企业在开展具体商业行为时“有法可依”。例如,在合规总体承诺之下,中兴公司对标《反贿赂管理体系》(ISO 37001),发布了全面的反贿赂合规政策体系,包括反贿赂合规政策、反贿赂合规手册、各管理规范及其工作指引四个层

次,《反贿赂合规政策》是公司对反贿赂合规管理整体的目标、方针和要求;《反贿赂合规手册》是中兴公司相关人员及代表中兴公司或为了中兴公司的利益开展业务的商业伙伴,遵循政策、规范和流程要求的通用指南;管理规范是在中兴公司反贿赂合规文档体系下规定部门职责、管理原则、要求和流程的标准文档,是政策落地执行的规范性文件;工作指引则是落实管理规范所规定的管理流程和要求的具体指南,既有针对某一大类业务或流程的工作指引,也有针对某一岗位或人员的工作指引,还可能有以地域或实体作区分的工作指引。①

有效的合规手册应当结合企业自身情况予以拟定,内容具体、明确,并且保持实时更新。这要求手册制定者不仅要对所在企业各个部门、工作流程甚至各个岗位职能有深度了解,更要求制定者熟知行政违法与刑事犯罪的认定逻辑。其渊源不仅包括国内法,而且包括我国已经加入的国际条约。那种泛泛的“以案说法”的所谓“员工普法手册”,并不能真正起到引领员工的作用。例如,防范员工开展业务过程中的贿赂行为,仅仅在手册中规定“不得为了获取订单而向政府官员、商业伙伴支付报酬或给予其他好处”就属于模糊不清的“贿赂行为”的界定,是不充分的。使企业员工清晰而完整地掌握“贿赂”的含义(贿赂不仅包括实际支付报酬行为,还包括“承诺”给予好处;不仅包括直接实施行为,还包括授权或者暗示实施该行为等),对于避免员工违法犯罪、切割个人与单位责任才是有意义的。

(二)合规组织

良好的制度设计是企业合规体系有效落地的基础要素,而制度设计中最关键的部分即一个健全且完善的合规管理组织。作为有效合规计划的关键一环,完善的合规管理组织可以更好地起到协调管理职能和资源配置、强化合规职责及其组织领导的作用。例如,西门子和中兴公司在重建专项合规体系时,已经注意到健全的合规管理组织对建立有效合规计划的重要意义,在

---

① 参见《中兴通讯反贿赂合规手册》(2020 年 5 月 12 日更新),载中兴官网,https://res-www. zte. com. cn/mediares/zte/Files/PDF/white _ book/202011121413CN. pdf? la = zh-CN。

重整中均建立了专门的合规管理组织体系。《中央企业合规管理指引(试行)》则规定了包括董事会、监事会、经理层、合规委员会、合规管理负责人、合规管理牵头人以及业务部门七个层级的合规组织体系,并明确了各自在合规管理中的职责。对于规模企业来说,一个完善的合规管理组织往往包括以下四个部分。

1. 合规管理委员会

在国际实践中,合规管理委员会通常在董事会中设立,与审计委员会大体平级,并且主要由具备法律、财务、人事管理背景的董事组成。但在不设董事会的公司中,也可以由执行董事牵头或公司总经理牵头设立合规管理委员会,但同样需要由具备法律、财务、人事管理背景的最高管理层人员组成。然而,尽管合规管理委员会成员均为公司董事或总经理等高管,但是董事长和总经理不能担任委员会主席,只能由独立的执行董事担任主席,此举是为了更好地保证合规管理组织的独立性。但无论是以何种形式设立的合规管理委员会,其性质都是企业合规管理体系的最高负责机构,承担合规管理的组织领导和统筹协调工作。

2. 首席合规官

首席合规官(Chief Compliance Officer,CCO)是监视和管理组织内部合规问题的公司官员,具有企业高级管理人员的地位。目前,在我国企业中合规部门逐步取代法务部门,首席合规官也主要由公司的总法律顾问或法务总监担任,有的企业也称之为首席合规法务官。[①] 我国国家发展和改革委员会发布的《企业境外经营合规管理指引》明确要求,有境外业务的企业可以结合实际任命专职的首席合规官。

在美国,应《联邦量刑指南》的要求,几乎每一家大公司都要有一个有效的合规计划,而对合规管理有效性进行监督的一个不可或缺的环节即设立首席合规官;否则,公司及其高管可能面临刑事和民事风险。因此,在美国许多大公司均会在总法律顾问下设立一个首席合规官,受总法律顾问的领导,专

① 参见陈瑞华:《律师如何开展合规业务(一)——合规计划的打造》,载《中国律师》2020 年第 8 期。

门负责公司的合规事务,确保公司依法运行。例如,达信公司就单独设置了由具有法律专业背景或原政府监管部门的相关人士担任的首席合规官,直接向 CEO 负责,下设的合规部共有员工 200 余人。

3. 合规部

首席合规官一般为企业专门合规部的负责人,而企业合规部则是企业合规管理组织中十分重要的构成要素,更是企业合规组织的核心,在建立企业合规计划中需要尽早安排和设立。合规管理即企业合规部的主要职能,而合规则是合规部的主要目标,管理则是为实现合规而采取的各种方法、程序和手段。设置企业合规部需要重点结合企业自身的性质及规模。在通常情况下,合规部的设立有三种模式:

第一,独立模式。独立模式即在企业中设立独立的企业合规部门,任命专门的合规总监,集中负责企业的合规管理。例如,我国最早设立合规部门的银行、保险公司、证券公司等均采用的是这一模式。

第二,复合模式。与独立模式相对应,在复合模式下,企业并不直接设立单独的合规部门,而是将合规部与其他部门合二为一。其中,最常见的就是将合规部与法律部二合一,形成法律合规部,或者法律部下增设合规管理职能,即在法律部下设立合规分部或合规团队,此时的首席合规官的职责则由企业的总法律顾问承担。例如,一些跨国公司产品线单一、合规风险较低,一般采取复合模式。我国《中央企业合规管理指引(试行)》第 9 条规定,“中央企业相关负责人或总法律顾问担任合规管理负责人……”。但是,由于企业法务和企业合规管理的侧重点并不相同,因此在实践中,即使设立了复合模式的合规部,仍然需要配备专业的合规团队及经验丰富、熟悉企业业务并具备相关管理知识和经验的合规专员。

第三,简单模式。对于部分规模较小的企业,其产品线更加单一,合规风险较低,此时可以仅仅设置一个合规小组,配置相应的合规专员,或者直接将合规管理纳入企业法律部,由法律部代行合规管理职能,也可以直接委托外部律师进行合规管理。

需要注意的是,对于需要建立单项合规计划的企业,在设置合规部门时则要充分考虑其内部的机构设置。例如,中兴公司在合规管理委员会之下设立了4个专业合规部门，分为出口管制合规部、反商业贿赂合规部、数据保护合规部以及合规组织管理部，主要从事出口管制、反商业贿赂、数据保护等专项合规管理工作。①

4. 合规专员

相较合规管理委员会、首席合规官等处于企业合规中的领导层和决策层，合规专员所扮演的角色主要是企业合规计划的"执行人"。合规部门应保持最大限度的独立性，为避免利益冲突，合规专员应由专职人员担任，其不应承担公司内部的其他与合规管理有冲突的工作。② 同样地，为了完成合规任务，合规专员在自己的职权范围内，可以相对独立地完成企业合规工作，并采取相应的合规措施。在实践中，无论企业的规模大小、合规风险高低，合规专员都是必不可少的一部分，即使是在最小的部门中也要设置合规专员。如此，才能真正健全企业合规管理组织，形成一个自上而下、垂直领导的合规组织体系。

以湖南建工的合规组织体系为例，在应对世界银行合规调查期间，该集团成立了直接隶属于董事会的诚信合规委员会，集团纪委书记担任该委员会负责人，集团主要高层管理人员为该委员会成员，集团总法律顾问兼任首席合规官。集团设置法律合规部，下设合规处和若干合规专员，负责集团诚信合规体系的建立和实施工作。高级别的合规组织为湖南建工合规体系的有效运行提供了保障，使公司最终顺利通过了世界银行的验收。

（三）合规组织的运行原则

一个有效合规计划的落实，除需要一个健全的合规管理组织外，还需要在运行中遵循企业合规的基本原则。其基本原则主要包括以下三个方面。

第一，独立性原则。合规组织的独立性是合规计划的灵魂。合规要求与商业的逐利特征之间有天然的冲突，这是合规组织必须保证独立性原则的内在逻辑。合规管理组织应当嵌入但不应当依附财务部门和业务管理部门，法

---

① 参见陈瑞华：《中兴公司的专项合规计划》，载《中国律师》2020年第2期。

② 参见陈瑞华：《企业合规制度的三个维度——比较法视野下的分析》，载《比较法研究》2019年第3期。

律、法规及政策要求是合规组织唯一需要考虑的因素,合规组织一旦将企业的商业考量作为合规依据,整个合规计划将功亏一篑。

第二,权威性原则。合规管理组织作为合规计划的重要组成部分,必须保证其在企业内部的地位和权威,以更好地完成企业合规的工作。例如,合规管理委员会一般由董事会设立,与审计委员会大体平级,并且主要由具备法律、财务、人事管理背景的董事组成。即使公司不设董事会,也可以由执行董事牵头或公司总经理牵头设立合规管理委员会,但同样需要由具备法律、财务、人事管理方面的最高管理层人员组成,并且赋予合规组织以“合规否决权”。未通过合规审查的,不得开展相关业务。由此可见,合规管理委员会的成员一般均由董事和最高管理层人员组成,以此保证在合规计划的实施中可以更好地发挥其职能,完成合规工作,实现合规目标。

第三,充足资源原则。企业在设置合规部门、制定合规计划的过程中,必须要保证人力与物力资源的配置。例如,中兴公司在重建合规体系时就加大了合规资源的投入,不仅加强了与外部律所等咨询机构的深入合作,满足监察团队的需求,以更好地监督落实合规计划、开展合规工作,而且加大资金的投入,进一步优化全球贸易系统(Global Trade Services,GTS)、商业伙伴扫描系统(Business Partner Screening,BPS)、法律及合规管理系统(Legal & Compliance Management,LCM)等 IT 工具,同时加大合规风险评估,更好地推进公司合规治理。

▶ 三、日常性合规计划有效实施重点

企业合规的主要功能是确保企业经营依法依规,预防企业在经营过程中的违规、违法和犯罪行为。完善的合规章程、合规组织,对公司全体(包括决策层、管理层、普通员工)开展的定期合规培训、复训,纵然能使合规观念、方法、制度被熟练掌握,但日常性合规计划有效性的实现还取决于能否在工作流程中一以贯之地坚持合规审查;而将合规纳入考评要素的外部奖惩机制与检验合规有效性的内部举报机制,则可以从正反两方面检验合规是否真正深入人心。

（一）将合规要求嵌入业务流程

落实合规计划需要合规管理组织保持独立性，但其更多的是强调合规工作的独立性，即不受其他部门工作的影响，并非将合规管理体系与企业现有管理体系完全分离，而需将合规嵌入日常工作的每一个环节。2021 年国资委关于印发《关于进一步深化法治央企建设的意见》的通知中，对于着力健全合规管理体系的规定中明确提出：将合规要求嵌入岗位职责和业务流程。

在实践中，将合规要求嵌入企业现有业务流程，是确保合规计划落地执行、有效运行的关键。例如，华为的每类合同中都会直接制订相应的合同模板，每份合同都需要经过法务部的评审并签字。华为用这种方式将其法务部的控制点融入所有的业务流程，这一审批流程与中兴公司的反贿赂合规审批模式相似。中兴公司为有效落实反贿赂合规计划，在合规管理体系中再次强调了流程管控，并在合规管理规范中设置了详细的管理措施。在合规计划落地过程中，中兴公司通过 LCM、团队协作管理系统（Team Share，TS）等设立合规审批流程，并将该流程切实嵌入公司商业赞助、礼品款待、外部差旅、客户培训等具体业务活动的全过程。在反贿赂合规手册中，中兴公司对于每一项业务的合规要求、禁止性规定、合规审批流程均进行了详细介绍，其中，业务合规审批大致流程如图 5－1 所示。

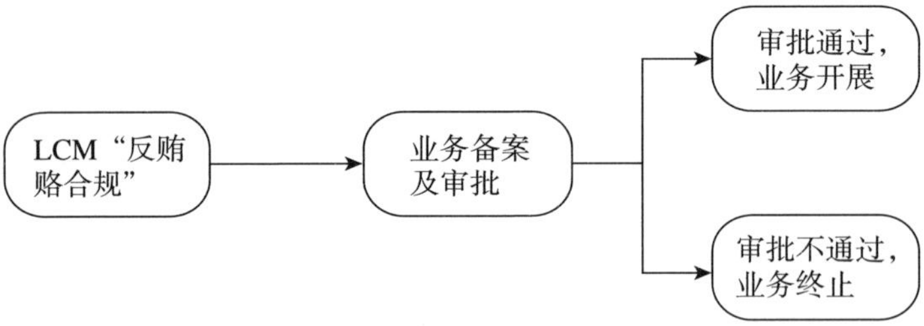

图 5－1　中兴公司 LCM 系统的运行流程

不同的业务，其具体合规要求也会存在些许差异。以提供外部差旅业务为例，中兴公司在反贿赂合规手册中规定，为外部各方提供差旅费用必须具备合法合理的目的，且与中兴产品及服务等业务相关；同时，需要遵循最小风险原则，并严格遵守禁止性规定，而且事前需提交反贿赂合规进行审批，审批通过之后才能开展。

(二)将执行合规情况纳入考评机制

合规绩效考核是企业合规管理的重要组成部分,并且对于提升合规的执行力,确保合规计划有效运行具有重要作用,尤其是对一些长效合规机制尚未形成、合规文化尚不成熟的企业,合规绩效考核可以更好地助推其合规计划的落地执行。在具体业务活动过程中,对于执行合规情况的考核机制,企业可以单独设立合规执行考评机制,也可以与企业现有的业务考核机制相融合,可以采取加分制、减分制。以诺华公司为例,诺华公司依据本公司的诚信标准及价值观,形成了一套明确的员工考核奖惩机制,其中就将合规直接纳入了该考核标准中,对于员工的合规、诚信、创造力等进行综合考核,并未设立单独的合规考核机制。但是,无论是单独考核机制还是融合考核机制,均需要制订详细的合规考核标准,考核内容可以包括但不限于:(1)合规培训的参加及完成情况;(2)企业合规政策的落实和执行;(3)合规流程的执行情况;(4)有无违反企业合规要求的行为;(5)是否积极配合合规部门的工作;(6)是否及时汇报合规风险。对于执行合规情况的考核,不仅要做好评价,还要做好奖惩,形成一套明确的合规考评奖惩机制。对于合规执行较好,对企业合规有重大贡献的员工给予相应奖励;对于合规执行出现问题,影响合规计划落实的员工给予相应处罚,做到奖惩分明。

例如,2021 年,腾讯集团反舞弊调查部共发现并查处触犯“腾讯高压线”案件 50 起,近 70 人因触犯“腾讯高压线”被辞退。自 2019 年,中兴公司先后对 8 名违反公司反贿赂合规要求的员工,给予了不同程度的处罚。虽然处罚内容主要是内部通报批评或诫勉谈话,但对于中兴公司反贿赂合规计划的有效运行起到了很好的推动作用。由此可见,合规计划的有效运行需要所有员工的共同努力,而将合规计划的执行情况纳入员工的考评机制,是推动计划有效运行的重要手段。

事实上,中兴公司的反贿赂合规审批流程也相当于一项业务监督及考评流程,因为业务开展前需要在系统中进行事前审批,审批通过后才可以开展业务,而该项审批流程也可以切实监督员工在业务活动中的合规执行。若合规执行未到位，则业务无法通过审批，员工无法开展工作，更会直接影响员工的工作进度、绩效考核等。

(三)建立内部举报制度及工作机制

2019年9月发布的国务院《关于加强和规范事中事后监管的指导意见》提出，要建立“吹哨人”、内部举报人等制度，对举报严重违法违规行为和重大风险隐患的有功人员予以重奖和严格保护。该文件还指出，建立完善违法严惩制度、惩罚性赔偿和巨额罚款制度、终身禁入机制，让严重违法者付出高昂成本。相对向监管部门举报，企业内部举报制度是发现企业合规风险的有效途径之一。实际上，企业内部举报以及自行开展的反舞弊调查在很大程度上能够起到发现问题、正本清源的作用，即使在举报引发行政执法调查时，这种主动发现与自我纠正机制也能起到缓冲行政调查冲击、换取不处罚或者减轻处罚结果的效果。

但在全球范围内，企业内部举报制度都遭遇了不同程度的困难。究其原因，企业对那些不能被行政监管所及的“家丑”的真实态度，集中反映在企业内部举报制度及其工作机制上，是企业“真合规”还是“假合规”的“试金石”。企业建立内部举报制度、完善工作机制，为“吹哨人”提供安全保障及奖励，并及时回应举报、开展调查并公布结果，毫无疑问，此举将令全体人员对于企业的合规文化及制度规范更加信赖。合规组织应当根据调查结果对存在漏洞的日常性合规管理体系作出必要的补救，对存在隐患的管理环节作出适当纠正，以避免再次发生类似的违规行为。①

同时，还应当通过定期调查问卷、考试、走访座谈等方式，了解合规培训效果、员工对合规政策的认同度，检验、评估合规计划运行效果，并对合规制度运行中的问题及时总结，不断调整、完善合规计划。

① 参见陈瑞华:《有效合规管理的两种模式》，载《法制与社会发展》2022年第1期。

第二节　常见企业合规风险及其识别

▶ 一、企业合规风险识别方法

关于“企业合规风险”,根据国务院国资委颁布的《中央企业合规管理指引(试行)》,将之界定为:企业及其员工因不合规行为,引发法律责任、受到相关处罚、造成经济或声誉损失以及其他负面影响的可能性。毫无疑问,准确、全面识别企业合规风险,是制订科学的合规政策的前提。企业的风险来源是多方面的,而且互有交织,但大体上可以分为内部风险和外部风险两大类。

企业的内部风险,是通过对企业自身业务性质、业务流程、决策程序、人力资源管理、财务制度等各个环节及既有违法违规情况、涉讼情况等多方面的审查,检验自身是否存在违规、违法和犯罪可能性。本书第一章已经指出了五种常见的企业发现自身风险的方法,包括分析企业既往记录、与企业管理者进行详细交流、对员工进行调查访问、分析同行企业动态等。值得注意的是,在国家行政、司法部门对各行各业加强监管的大背景下,法律、法规不断调整、更新,既有的风险及其具体含义也必然随之发生变动,因此,在企业梳理、构建企业风险库的基本工作完成之后,应当特别关注新的立法动态对风险概念、范围的影响,及时更新、调整风险库。此外,应当对各类风险的法律后果进行风险等级评估,根据不同的风险等级,制定不同级别的应对措施。

除自身既存的合规风险外,企业的外部风险不可忽视,其中最重要的风险来源是商业伙伴。例如,企业在签署订单、接受客户支付的合同款项后,发现账户被司法机关冻结,原因可能是客户资金来源非法,客户遭遇刑事司法追诉。企业在开展投资并购过程中,并购方仅仅针对目标公司的财务、人力资源、商业前景和涉及民事诉讼、税务等商业情况进行了尽职调查,但是对于目标公司主营业务模式是否合规、是否存在潜在的违法犯罪风险未能进行甄别,导致并购完成之后发生责任继承,并购方不得不为被并购方的单位犯罪后果埋单;或者,接受并购的一方,未能甄别并购资金来源合法性,而导致账户被冻结、暂停营业、承担资金返还责任等行政或刑事措施,甚至可能导致商誉严重受损而不得不放弃原有的优质品牌,并从零开始。正因为企业与外部合作伙伴有可能基于违反公法义务而成为责任共同体,现代合规风险防范体系中,都加入了对第三方商业伙伴的约束性条款,要求合作伙伴共同遵守本企业的合规指引、签署《合规承诺书》,以保障交易的安全性。换言之,企业可以通过对客户、第三方商业伙伴和被并购企业的合规尽职调查来发现是否存在潜在的交易违规、违法风险,这也是企业引领商业风气、承担社会责任的重要体现。

▶ 二、企业常见合规风险类型

从法律领域的视角出发,我们一般将常见的合规风险分为腐败风险、垄断风险、洗钱风险、进出口风险、数据风险等。但是,在企业日常经营的过程中,经常需要采用管理语言或业务语言来总结常见的合规风险类型。这种分类方法在实践中的认可程度更高,更容易被非法律从业者所接受。

(一)决策合规风险

决策合规风险,是指企业管理层作出违法、违规决策的不确定性。该风险主要是基于管理者各种经营管理决策行为所致,是企业可能面临的重大系统性风险之一。决策合规风险在很大程度上受到决策者价值观的影响,所以它是影响最大的,也可能是最顽固的一类违规行为。

以"三鹿奶粉案"为例。2007 年 12 月起,石家庄三鹿集团股份有限公司(以下简称三鹿集团)陆续收到消费者投诉,反映有部分婴幼儿食用该集团生产的婴幼儿系列奶粉后尿液中出现红色沉淀物等症状。2008 年 5 月 17 日,三鹿集团客户服务部书面向被告人田某某、王某某等集团领导班子成员报告此类投诉的有关情况。2008 年 5 月 20 日,为查明原因,三鹿集团成立了技术攻关小组。2008年7月24日,三鹿集团将其生产的16个批次婴幼儿系列奶粉,送到河北出入境检验检疫局检验检疫技术中心检测是否含有三聚氰胺。2008年8月1日,河北出入境检验检疫局检验检疫技术中心出具检测报告,送检的16个批次奶粉样品中15个批次被检出三聚氰胺。当晚,三鹿集团召开经营班子扩大会议,会议决定封存库存产品,不向社会公众告知三鹿奶粉中存在三聚氰胺的情况,以不含三聚氰胺的产品换回问题产品,但没有停止奶粉的生产、销售。2008年9月12日,三鹿集团被政府勒令停止生产和销售。2008年9月17日,三鹿集团董事长、总经理田某某因涉嫌生产、销售有害食品罪被刑事拘留。

法院认为,被告单位三鹿集团,被告人田某某、王某某明知其生产的三鹿牌婴幼儿奶粉中含有三聚氰胺,且明知三聚氰胺是对人体有害的非食品原料,仍不停止含有三聚氰胺的婴幼儿奶粉的生产、销售,被告单位三鹿集团,被告人田某某、杭某某、吴某某明知其收购的原奶中含有三聚氰胺,且明知三聚氰胺是对人体有毒、有害的非食品原料,仍将原奶调配到本集团下属企业,生产、销售含三聚氰胺的液态奶。被告单位及各被告人的行为均已构成生产、销售有毒食品罪。同时,其行为又符合生产、销售伪劣产品罪的构成要件,依法应当依照处罚较重的规定定罪处罚。因现有证据不足以证实被告单位及各被告人在2008年8月1日得知其产品中含有三聚氰胺后,继续生产、销售的奶制品流入市场造成了危害结果,故以生产、销售伪劣产品罪对被告单位及各被告人定罪处罚。

决策层合规风险在民营企业的发生概率较高。例如,“某住房置业融资担保公司的董事长挪用资金案”。该住房置业融资担保公司由国有公司与民营公司合资设立,民营公司负责人蔡某担任该住房置业担保公司的董事长。公司主要收入来源是地产公司住房公积金贷款保证金、担保费。一直以来,公司资金被用于对外借款并收取利息。后期,因行业主管部门出台文件,不允许擅自动用和处置担保保证金,不得用保证金为单位或个人提供任何形式的经济担保、抵押或者清偿债务,蔡某与法务经理沟通后,决定组织召开股东会,通过了设立“拓展部”并授权拓展部开展经营活动的决议。拓展部实际上均由蔡某的管理团队组成,拓展部通过“集体决议”将资金拆借给蔡某的关联公司，借款利率略高于银行贷款利率，但低于同期以及前期向外部企业提供的借款利率。该案件被以挪用资金罪立案侦查。至案发时，关联公司尚有5亿元借款未归还。

以上两起案例，均因企业最高决策层缺乏合规意识、意图逃避制裁所致，与中兴公司面临首次制裁时的态度颇类似。“三鹿奶粉案”中，在明知送检的16个批次奶粉样品中有15个批次检出三聚氰胺这一有毒、有害物质的情况下，企业决策层为了短期经济利益，在“法不责众”的侥幸心态下，集体决议采取封存库存、封闭消息、使用问题原料继续生产奶制品、换货等方式，侵害了公众知情权，继续违法生产、销售，试图蒙混过关。“集体决策”沦为共同犯罪的“共谋”行为，导致一家存续了半个多世纪的优质企业在短短8个月内分崩离析，所有涉事人员都被处以重刑，教训不可谓不惨痛。而第二起案例中，决策层并非没有法律意识，而是精心设计了股东会及其决议，名为“拓展部集体决策”，实为“一言堂”，意图绕过《中华人民共和国刑法》（以下简称《刑法》）第272条以及立法解释关于挪用资金罪的“个人决定”“归个人使用”的界定，给个人随意支配公司资金的实质披上合法形式的外衣而已。两起案件的本质都是决策层价值观错位，在企业或者关联企业利益与合规要求出现冲突时，优先选择了维护短期经济利益。企业决策合规，就是排除企业决策层的违规违法风险，这也是合规组织设置必须具有较高行政级别的重要原因。

（二）商业模式（产品）合规风险

商业模式，或称产品合规风险，是指企业生产销售的产品或者提供的服务、谋求商业利润的内在逻辑存在违法、违规风险。产品作为企业的立身之本，产品合规风险也是企业重大的系统性合规风险之一。

以“一元购”业务为例。所谓网络“一元购”业务，是指将一件商品平分成若干1元金额的“等份”，通过互联网平台出售，购买者可以购买其中的一份或者多份。当所有的份额卖完后，平台采取抽奖的方式从购买者中抽取幸运者获得此商品，其他购买者的认购资金不予退还的销售模式。

2017年7月19日，国务院互联网金融风险专项整治工作领导小组办公室下发《关于网络"一元购"业务的定性和处置意见》(以下简称《定性和处置意见》),这是监管部门对互联网生态下的服务产品的定性和处理意见。根据《定性和处置意见》,"一元购"业务的主要合规风险点包括:一是违法经营风险,"一元购"业务的经营者未来会面临一个市场准入问题,市场监管部门必然会加大对其经营资质的合规监管;二是刑事风险,可能涉嫌的刑事犯罪风险有非法经营罪、诈骗罪、赌博罪。

随着互联网技术的兴起,"一元购""零批代利""抢拍"等所谓新型商业模式层出不穷,与传统商业模式相比,这些新型"产品"结构复杂,规则也更复杂,部分消费者确实能够从中获利,实现商家所宣传的"无痛消费",但实际上,复杂、花哨产品背后的底层逻辑往往经不起推敲,有些打着"创新商业模式"旗号的"产品"多少都带有赌博、传销、非法经营、非法吸收公众存款等违法行为的特征,在"创新"还是"违法"的判断上,存在一定困难,而行政调查、刑事追诉的逻辑恰恰是穿透式的实质审查,这使"创新"本身就意味着一定程度的风险。企业在推行新的产品及商业模式时,不仅要关注商业可行性,更应当特别关注商业模式自身的合规性论证。

(三)销售合规风险

销售合规风险,是指企业在销售产品或者服务过程中的违法违规风险,具体的合规风险点既可能体现在销售政策上,也可能反映在销售行为中。企业开展销售合规管理,需要重点关注的法律法规有《中华人民共和国广告法》(以下简称《广告法》)、《中华人民共和国产品质量法》、《中华人民共和国反不正当竞争法》(以下简称《反不正当竞争法》)、《中华人民共和国消费者权益保护法》、《刑法》等。

以"养乐多违规宣传被行政处罚案"为例。2021 年 8 月 31 日,养乐多关联公司上海益力多乳品有限公司被上海浦东新区市场监督管理局罚款 45 万元。行政处罚信息显示,当事人在新冠肺炎疫情尚未结束之前,宣传"益生菌在新冠病毒防治中有重要作用",并引用《新型冠状病毒感染的肺炎诊疗方案》为依据,极易增加消费者对其养乐多乳酸菌产品的关注度和信任度,误以为益生菌对新冠病毒有防治作用;宣传"肠道内的有益菌会随人体正常排泄而流失，所以需要每天补充活性益生菌，保持肠内菌群平衡”，会使人误以为不每天服用益生菌会对身体造成不利影响；宣传“养乐多100毫升的小小一瓶足足含有100亿个以上的干酪乳杆菌代田株，每天一瓶可满足成年人一天所需的益生菌”，会使人误以为每天喝一瓶养乐多乳酸菌就会满足人体所需益生菌，而忽略对除干酪乳杆菌外其他品种益生菌的补充。处罚文件显示，当事人的上述宣传行为有利于提高养乐多乳酸菌的销量，获取竞争优势，排除或者妨碍其他品种益生菌饮品的竞争，上海市浦东新区市场监督管理局依据《反不正当竞争法》第20条第1款的规定，对其罚款45万元。

养乐多违反了《反不正当竞争法》第8条第1款的规定，经营者不得对其商品的性能、功能、质量、销售状况、用户评价、曾获荣誉等作虚假或者引人误解的商业宣传，欺骗、误导消费者。此外，养乐多是饮料而非药品，因此宣传时不得涉及疾病治疗功能，此举也违反了《广告法》第17条的规定，除医疗、药品、医疗器械广告外，禁止其他任何广告涉及疾病治疗功能，并不得使用医疗用语或者易使推销的商品与药品、医疗器械相混淆的用语。《中华人民共和国食品安全法》第73条第1款规定，食品广告的内容应当真实合法，不得含有虚假内容，不得涉及疾病预防、治疗功能。食品生产经营者对食品广告内容的真实性、合法性负责。

2021年9月7日，养乐多官方微博发布致歉声明并同时表示，已对旗下子公司及内部宣传内容审核过程进行了全面审核，同时组织各相关部门加强了法律法规的学习。

销售作为企业实现生产成果的重要流程，伴随诸多合规风险点。企业开展销售合规管理，首要的是遵守国家法律法规关于商品或服务的具体规定，例如，不销售假冒伪劣产品、不进行虚假广告宣传或违法广告宣传、不以人为的方式过度抬高或者压低价格、更不允许采取行贿或者变相行贿的手段获取业务机会或者谋取市场竞争优势。在突发自然灾害、疫情防控的特殊时期，囤货居奇、抬高物价、倒卖物资的反商业伦理行为还面临升级为犯罪行为的巨大风险。

(四)财务合规风险

财务合规风险,是指企业财务管理行为中的违法违规风险。财务渗透于企业的每一个经营管理环节,企业所有的经营管理活动最终都会反映在财务数据上。这些数据能够暴露出企业经营管理的漏洞和薄弱环节,为防范经营风险进行预警。财务管理作为一项综合性管理工作,企业内部管控的设计、实施和维护都离不开财务,财务是检验企业管理合理性和规范性最有效的工具。基于财务管理的重要性,财务合规风险也是企业的重大风险,甚至是系统性风险。①

以瑞幸咖啡财务造假事件为例。2020 年 4 月 2 日晚间,瑞幸审计机构安永会计师事务所表示,在对公司 2019 年年度财务报告进行审计工作的过程中,安永会计师事务所发现公司部分管理人员在 2019 年第二季度至第四季度通过虚假交易虚增了公司相关期间的收入、成本及费用。2020 年 4 月 3 日,中国证监会高度关注瑞幸咖啡财务造假事件,对该公司财务造假行为表示强烈谴责。2020 年 4 月 4 日凌晨,瑞幸咖啡自曝造假 22 亿元事件持续发酵,周五收盘,瑞幸咖啡股价再次大跌 15.94%,报 5.38 美元。2020 年 4 月 5 日下午,瑞幸咖啡发布道歉声明表示,涉事高级管理人员及员工已被停职调查。2020 年 7 月 31 日,中国证监会、财政部同时发布了针对瑞幸咖啡的调查通报,显示瑞幸咖啡不仅存在大规模虚构交易,虚增收入、成本费用、利润,虚假宣传等行为,其关联公司还涉嫌信息披露违法。瑞幸咖啡财务造假事件不仅反映了上市公司的财务管理问题,而且直接暴露了公司内控合规管理的薄弱,特别是瑞幸咖啡管理层合规意识淡薄,没有相匹配的企业合规文化。

上市公司财务造假、实际控制人非经营性占用上市公司资金等属于高发证券违规行为,也是行政监管的重点领域。财务造假本身可能仅仅是行政违法,但造假与违规信息披露是“一枚硬币的两面”,2021 年生效的《中华人民共和国刑法修正案(十一)》(以下简称《刑法修正案(十一)》)将“违规披露、不披露重要信息罪”的最高法定刑上调至 10 年有期徒刑,而违规占用资金则

① 参见姜先良:《企业合规与律师服务》,法律出版社 2021 年版,第 86 ~ 87 页。

具有演变为“背信损害上市公司利益罪”的巨大风险。

(五)知产合规风险

知产合规风险,是指企业的知识产权因管理不当被员工侵害的风险,或者企业在经营过程中因行为不当侵害他人知识产权的风险。对企业知识产权的主要侵权行为,包括窃取、骗取、被胁迫提供、非法披露、非法使用、非法允许他人使用。典型案例①如下:

以“王龙集团公司侵犯商业秘密案”为例。香兰素是全球广泛使用的香料,嘉兴中华化工公司曾是全球最大的香兰素制造商,占据全球香兰素市场约60%的份额。2010年,中华化工公司前员工、被告傅某根从王龙集团公司获得报酬后,将香兰素技术秘密泄露。2011年6月起,王龙科技公司开始生产香兰素,短时间内即成为全球第三大香兰素制造商。最高人民法院知识产权法庭二审认定,王龙集团公司、王龙科技公司、喜孚狮王龙公司、傅某、王某某侵犯涉案全部技术秘密。2021年2月26日,最高人民法院进行二审宣判,撤销一审判决,改判上述各侵权人连带赔偿技术秘密权利人1.59亿元(含合理维权费用349万元)。这是迄今为止判赔数额最高的侵犯技术秘密案件。

更重要的是,因涉案侵害技术秘密行为情节恶劣、后果严重,可能涉嫌刑事犯罪,最高人民法院依法将相关涉嫌犯罪线索材料移送公安部门处理。

嘉兴中华化工公司之所以维权成功,离不开其对自身商业秘密的有效管理,例如,向法院提交了档案与信息化管理安全保密制度、约定有保密条款的技术开发合同、对职工多次进行保密宣传、教育和培训的记录等证据,这也为商业秘密资产的权利人提供了良好的可借鉴性做法。此外,企业也要做好商业秘密刑事合规措施,防止被指控为侵犯商业秘密罪,例如,企业在引进技术时应当全面评估可能出现的诉讼风险,防止侵犯其他企业商业秘密;在与掌握企业商业秘密人才签订专项协议前,有必要咨询相关专业人士,防范潜在风险;收集、理解最新的知识产权法律法规并及时在企业内部传达,以便商业

① 参见《年终盘点|2021年十大知识产权案例回顾!》,载搜狐网2022年1月5日,http://police.news.sohu.com/a/514426906_121255833。

秘密资产的有效管理和保护。《刑法修正案(十一)》将“侵犯商业秘密罪”的法定最高刑由7年提高至10年有期徒刑,并增设了“为境外窃取、刺探、收买、非法提供商业秘密罪”;将“侵犯著作权罪”法定最高刑由7年提高至10年有期徒刑;将“销售侵权复制品罪”的法定最高刑由3年提高至5年有期徒刑。这意味着,国家通过刑事立法加大了对企业知识产权的保护力度。

第三节　合规整改计划

合规整改计划，是指企业在面临行政执法调查、刑事追诉或者国际组织制裁的情况下，针对自身在经营模式、管理方式、决策机制等方面存在的漏洞和隐患，进行有针对性的制度修复和错误纠正，①是典型的“被动合规”。合规整改计划包括行政合规整改计划、刑事合规整改计划、国际组织合规整改计划。

▶ 一、行政合规整改计划

行政合规整改计划，是指企业面对监管部门的行政调查，通过有效的合规整改争取行政机关免除或者减轻其行政处罚。

修订后的《行政处罚法》第 33 条第 1 款规定，“违法行为轻微并及时改正，没有造成危害后果的，不予行政处罚。初次违法且危害后果轻微并及时改正的，可以不予行政处罚”。其中，“及时改正”是“不予行政处罚”的必备要素，成为企业以合规整改换取不处罚结果的法律依据。中国证监会 2015 年颁布并实施的《行政和解试点实施办法》（已失效）以“行政和解协议”的方式，为证券违法主体提供合规整改的制度空间；而与行业强监管措施相配套的“首违不罚”制度，则在环保、税收等多个行政执法领域开始试行。

以中国证监会第一起行政和解案件为例。2013 年 10 月 8 日至 2015 年 7 月 3 日，高盛亚洲自营交易员通过在高华证券开立的高盛经纪业务账户进行交易，同时向高华证券自营交易员提供业务指导。双方于 2015 年 5 ~ 7 月从

---

① 参见尹云霞、庄燕君、李晓霞：《企业能动性与反腐败“辐射型执法效应”——美国 FCPA 合作机制的启示》，载《交大法学》2016 年第 2 期。

事了其他相关股票及股指期货合约交易,该等行为涉嫌违法违规。2016 年 7 月,中国证监会对上述人员及企业在证券交易中存在的违规行为进行立案调查。为了最大限度地挽回企业因此可能遭受的损失,避免企业因此受到严厉的行政处罚,甚至刑事责任的追究,2019 年 4 月 23 日,高盛(亚洲)有限责任公司、北京高华证券有限责任公司以及两公司相关工作人员依据《行政和解试点实施办法》(已失效)与中国证监会达成行政和解协议,缴纳了 1.5 亿元和解金,并采取必要措施以加强内控管理。中国证监会依照规定终止对有关行为的调查、审理程序。行政和解协议签署的前提是,涉事两家企业必须限期整改并构建有效的内部合规管理控制体系。此案中的合规管理即为行政监管合规计划。

再如,2020 年 4 月,广东群兴玩具股份有限公司(以下简称群兴公司或公司;证券代码:002575;证券简称:ST 群兴)因存在实际控制人及其关联方非经营性资金占用事项、信息披露违规等问题而接受中国证监会的立案调查。针对调查决定书中提出的信息披露违规问题,公司就实际控制人及其关联方资金占用情况进行自查,要求公司年审会计师进行专项核查并持续配合相关核查工作、及时履行核查结果的信息披露义务;就自查发现的实际控制人及其关联方非经营性资金占用事项问题,敦促公司实际控制人出具承诺函,并严格监督执行;公司加强内控,并进一步强化对外投资管控流程,组织相关人员深入学习相关法律、法规及规范性文件,对公司管理制度、文件进行全面梳理、调整并开展合规培训,强化规范意识,防止违规行为再次发生。经过认真自查、梳理公司存在的合规问题,有针对性地及时制订整改措施。最终,公司在限期内完成整改,中国证监会决定对群兴公司不予行政处罚并送达了《结案通知书》。

▶ 二、刑事合规整改计划

刑事合规整改,是指为了有效应对由刑事追诉引发的企业危机,企业通过合规整改换取检察机关的宽大刑事处理,尤其是获得合规不起诉的结果。此外,督促企业通过对已经发生的违法犯罪事件和既往的违规行为所暴露的制度缺陷和隐患进行整改，建立与违法犯罪领域有关的专项合规管理制度。[①]

企业刑事合规是我国检察机关主导的一项检察工作创新，主要是指我国检察机关自2020年3月开始推动的企业合规改革（也称"合规不起诉"改革）。至2021年12月，最高人民检察院发布了两批10件合规试点典型案例，鼓励涉案企业通过建立有效的合规整改计划而获得不起诉或宽缓的量刑建议，以司法激励措施推动企业的合规建设。

以"上海市J智能电器有限公司、朱某某假冒注册商标案"为例。[②] 上海市J智能电器有限公司（以下简称J公司）注册成立于2016年1月，住所地位于浙江省嘉兴市秀洲区，J公司以生产智能家居电器为主，拥有专利数百件，有效注册商标3件，近年来先后被评定为浙江省科技型中小企业、国家高新技术企业。J公司有员工2000余人，年纳税总额1亿余元，被不起诉人朱某某系J公司股东及实际控制人。2018年8月，上海T智能科技有限公司（以下简称T公司）与J公司洽谈委托代加工事宜，约定由J公司为T公司代为加工智能垃圾桶，后因试产样品未达到质量标准，且无法按时交货等原因，双方于2018年12月终止合作。为了挽回前期投资损失，2018年12月至2019年11月，朱某某在未获得商标权利人T公司许可的情况下，组织公司员工生产假冒T公司注册商标的智能垃圾桶、垃圾盒，并对外销售获利，涉案金额达560万余元。2020年9月11日，朱某某主动投案后被取保候审。案发后，J公司认罪认罚，赔偿权利人700万元并取得谅解。2020年12月14日，上海市公安局浦东分局以犯罪嫌疑单位J公司、犯罪嫌疑人朱某某涉嫌假冒注册商标罪移送浦东新区人民检察院审查起诉。

浦东新区检察院经审查认为，J公司是一家高新技术企业，但公司管理层及员工法律意识淡薄，尤其对涉及商业秘密、专利权、商标权等民事侵权及刑事犯罪的认识淡薄，在合同审核、财务审批、采购销售等环节均存在管理不善的问题。鉴于J公司具有良好发展前景，犯罪嫌疑人朱某某有自首情节并认罪认罚，赔偿了T公司的损失，且该公司有合规建设意愿，启动合规考察程

① 参见陈瑞华：《有效合规管理的两种模式》，载《法制与社会发展》2022年第1期。

② 参见《企业合规典型案例（第二批）》，载最高人民检察院官网，https://www.spp.gov.cn/spp/xwfbh/wsfbt/202112/t20211215_538815.shtml#2。

序(跨区检察院协作)和第三方监督评估机制(由专业人员组成的,协助检察机关落实合规监管工作的制度)。

监督考察期间,第三方组织(第三方监督评估机制下负责个案合规监管的专家小组)通过问询谈话、走访调查,深入了解案件背景,帮助企业梳理合规、风控方面的管理漏洞,督促制订专项整改措施。根据第三方组织建议,J公司成立合规工作领导小组,修改公司章程,强化管理职责,先后制订知识产权管理、合同审批、保密管理、员工培训、风险控制等多项合规专项制度,设立合规专岗,实行管理、销售分离,建立合规举报渠道,连续开展刑事合规、民事合规及知识产权保护专项培训,外聘合规专业团队定期对企业进行法律风险全面“体检”,并且每半个月提交一次阶段性书面报告。第三方组织通过书面审查、实地走访、听取汇报等形式,对合规阶段性成效进行监督检查。同时,浦东新区人民检察院为确保异地合规监管的有效性,制作了《企业合规监督考察反馈意见表》,实时动态跟进监督评估进度,对第三方组织成员组成、合规计划执行、企业定期书面报告、申诉控告处理等提出意见、建议。

考察期限届满,第三方组织评估认为,经过合规管理,J公司提升合规意识,完善组织架构,设立合规专岗,开展专项检查,建立制度指引,强化流程管理,健全风控机制,加强学习培训,完成了从合规组织体系建立到合规政策制定,从合规程序完善到合规文化建设等一系列整改,评定J公司合规整改合格。浦东新区人民检察院联合嘉兴市人民检察院、秀洲区人民检察院通过听取汇报、现场验收、公开评议等方式对监督考察结果的客观性予以充分论证。2021年9月10日,浦东新区人民检察院邀请人民监督员、侦查机关、异地检察机关代表等进行公开听证。经评议,参与听证各方一致同意对涉案企业及个人作出不起诉决定。

▶ 三、国际组织合规整改计划

国际组织合规整改计划,是指企业在国际贸易活动中违反国际组织相关规则而受到制裁,企业承诺进行合规整改并通过国际组织的验收,从而达到解除制裁、恢复市场准入资格的效果。在这一过程中,企业需要根据国际组织的规则、标准建立合规整改计划并予以贯彻实施，直至通过国际组织的验收。

中铁建设集团有限公司（以下简称中铁建集团）是“世界500强”和“2013年全球最大承包商”——中国铁建股份有限公司的全资子公司。因在格鲁吉亚东西高速公路走廊改善项目的资格预审和招标过程中，中铁建集团及其全资子公司中铁23局、中国铁路建设集团国际有限公司编写并提交了虚假陈述中铁23局人员和设备以及中铁建集团其他实体的经验资料。在世界银行的制裁体系内，这些行动被视为“世界银行采购准则”所界定的欺诈行为。2019年世界银行发布：自2019年6月4日起，制裁中铁建集团及其旗下全球730家子公司。制裁内容：（1）禁令制裁9个月。（2）合规监管期2年（9个月禁令之后），中铁建集团的合规实施必须达到世界银行合规官的要求，才能在2年9个月后解除制裁；如果合规项目未达到世界银行的要求，则2年监管期过后自动转为禁令制裁。（3）中铁建集团要配合世界银行对其更多项目进行深入调查（未披露数量）。

此次中铁建集团被世界银行制裁，与2013年湖南建工被世界银行制裁的原因不尽相同，均是在投标文件中出现虚假内容。这次制裁不仅阻碍了中铁建集团业务的开展，而且对中铁建集团的声誉造成了重大损失。为了解除制裁、挽回声誉、顺畅开展业务，中铁建集团及其附属公司参照世界银行的诚信合规指引，建立了一套完整的诚信合规政策和程序。中铁建集团诚信合规手册中指出，合规经营要严格贯彻“六不揽”“七严禁”，坚持诚信合规，防止腐败贿赂，并对投标合规、第三方合规、合同合规要求及审批流程进行了详细规定。中铁建集团及其附属公司切实履行了在解除制裁中的承诺——以符合《世界银行集团诚信合规指南》规定的原则，加强其诚信合规方案。

第六章
反腐败合规要求
企业如何做？

腐败风险是企业在经营中最为常见的风险类型之一，无论是企业所处的行业领域、企业的主要经营方式，还是企业的业务范围，只要存在经济往来和商业交往，企业都会或多或少地面临腐败风险。然而，腐败对市场经济所“赖以生存”的公平氛围伤害巨大，影响良性竞争水平和消费者权益，最终会影响国计民生。在域外，美国、英国、法国、加拿大等国家开展全球化的反腐败行动。无论是国内企业还是国外企业，无论是贿赂本国官员还是贿赂外国官员，腐败行为都会被执法机关处以高额罚款，并被要求建立或完善反腐败合规计划。

第一节　腐败的定义

腐败,英文"corruption",虽被多学科从不同的角度进行研究,但其定义一直存在争论,迄今为止,仍未有一个可以被各学科公认的明确定义。从词源上看,《布莱克法律词典》涵盖了三个与腐败相关的表述:腐败(corruption)是指故意行使与公职义务或者其他权利不相符的利益的行为。贿赂(受贿)(bribery)是指给予、实质给予、索取任何有价之物以影响官员履行法律和公共职务的行为。贪污(embezzlement)是指具有委托管理身份的人员或者雇员故意侵吞或转变他人资产,而不法行为人由此获得法律意义上的占有。① 从词源上可以看出,腐败和贿赂的定义并不相同。腐败的含义广于贿赂,但二者亦存在共同点,即都存在利益交换,都与滥用权力有关。在法律文件上,腐败和贿赂的概念常常混用,如《联合国打击跨国有组织犯罪公约》第8条以"腐败行为的刑事定罪"为标题,但其实表示的是贿赂犯罪。② 这一混用也衍生在合规领域,反腐败合规和反商业贿赂合规的界限往往难以区分。但鉴于腐败比贿赂的外延要大,且众多国际条约和现代企业合规起源中的标志性法案均使用的是"腐败"一词,故作为专项合规,本书使用了"反腐败合规"用语。

法理上的腐败,主要包括违反行政监管的腐败行为和腐败犯罪。当腐败行为达到严重的社会危害程度时才构成腐败犯罪,但各国对腐败犯罪的行为类型规定不一,所以无法对腐败犯罪作出统一的界定。从各国规定的腐败犯

---

① See Henry Black, *Black's Law Dictionary* (5th edition), St. Paul Minn West Publishing Co., 1979, p. 311, 173, 468.

② See *United States Asset Recovery Tools & Procedures: A Practical Guide for International Cooperation*, http://www.state.gov/documents/organization/190690.pdf (last visited on 29 January 2022).

罪来看,腐败犯罪主要包括贿赂犯罪、公职人员侵犯财产犯罪、影响力交易犯罪、滥用职权犯罪、资产非法增加犯罪、私营部门内的腐败犯罪、洗钱犯罪。在法学研究中,目前普遍使用世界银行的观点来界定腐败,即腐败是通过滥用公权力而获得私人利益的行为。合规领域重点关注的就是行为符合何种条件会触发行政监管和刑事犯罪。

企业应当更多关注与企业相关的各国行政监管和刑事犯罪中关于腐败行为类型的规定,以构建有针对性的企业内部反腐败合规体系。

第二节 我国反腐败合规的新态势

受反腐败的国际环境影响和反腐败严峻刑事的现实需要,加强反腐败监察制度建设势在必行。随着监察体制改革、《中华人民共和国监察法》(以下简称《监察法》)的颁布,以及涉案企业合规不起诉改革的推进,我国的反腐败工作进入新格局,法律体系、执法力度和执法方式都发生了前所未有的变化。

▶ 一、国家监察体制改革推动反腐败法律体系完善

自2016年至2018年,我国开始进行监察体制改革,完成了从试点工作、全面推开再到立法确认的全部过程。

国家监察体制改革后,对公职人员的行政监督部门(监察、预防职务犯罪等)、司法监督部门(检察院反贪、反渎等)都并入了国家监察委员会,实现了资源、职能的整合。国家监察委员会也是对全国人大及其常委会负责,受其监督,改变了我国国家机构"一府两院"的架构,形成了"一府一委两院"。监察委员会代表人民行使监督权,独立于政府、法院、检察院等机关之外。

在原有的监察体制下,中国共产党纪律检查委员会作为党的机关,主要负责依照党章党规对党员的违纪行为进行审查;行政监察部门作为政府行政机关,主要负责依照《中华人民共和国行政监察法》对行政机关工作人员的违法违纪行为进行监察;人民检察院作为司法机关,主要负责依照《刑法》和《中华人民共和国刑事诉讼法》(以下简称《刑事诉讼法》)对国家工作人员职务犯罪行为进行查处。其包括党内反腐、行政机关反腐和司法机关反腐三股力量,反腐败机构力量分散,党对反腐败工作集中统一领导的体制机制不够健全,无法充分发挥反腐败治理效能。监察体制改革完成以后,加强了党对

反腐败工作的统一领导，实现了纪委监委合署办公，反腐败执法权统一整合。而且，探索了执纪监督与审查调查部门分设，执纪监督部门负责日常监督，审查调查部门负责立案审查，案管部门负责综合协调和监督管理，审理部门负责审核把关，执纪监督、审查调查、案管、审理相互配合、相互制约的机制。

《监察法》通过法律将党对反腐败工作集中统一领导的机制确认下来，标志着中国特色的国家监察体制的形成。根据监察法的规定，我国反腐体制的新变化主要有以下几点：一是在机构设置上，监察委员会由人大产生，依法独立行使监察权，不受行政机关、社会团体和个人的干涉，保证了监察权的独立性。二是从监督对象上看，实现了对所有行使公权力的公职人员监察全覆盖。三是从监察措施上看，可以采用谈话、讯问、询问、查询、冻结、调取、查封、扣押、勘验检查、鉴定、搜查、留置 12 种监察措施，监察手段进一步增强。留置措施不同于“两规”，也不同于司法机关的刑事强制措施，留置期间律师不得介入。监察委员会在办理贪污贿赂案件时，可以对行贿人员一并采取留置措施。四是促进了纪法贯通和法法衔接。《监察法》颁布后，国家监察委员会和中纪委陆续出台了《国家监察委员会管辖规定（试行）》等一系列的工作衔接办法和实施细则，《刑事诉讼法》也作了配套修改。总而言之，监察体制改革推进后，我国反腐败的制度优势逐渐显现，反腐力度和效能稳步攀升。

从国家监察体制改革的推进，到相关法律的配套完善，我国反腐败工作日益系统化、权威化、法治化，反腐败的力度达到新高度。

▶ 二、企业合规不起诉改革为反腐败合规提供动力

企业反腐败合规的建设不能单纯依靠企业的自觉自愿完成，法律法规的明确要求、行政监管的压力、违法的严重后果是促使企业推进反腐败合规的有效手段，而行政监管和刑事处罚上的激励机制是激发企业构建合规体系的重要动力。最高人民检察院通过对涉案企业不起诉和量刑从宽的刑罚激励机制促进企业进行合规整改，进而带动全国企业自觉构建合规体系。

前文对于我国检察机关主导的企业合规改革（也称“合规不起诉”改革）已有较多论述，本部分将对其历史和政策源流进行补充。2020 年 3 月起，最

高人民检察院首先在上海浦东、金山，江苏张家港，山东郯城，广东深圳南山、宝安等6家基层检察院开展企业合规改革第一期试点工作。2020年11月，最高人民检察院决定成立企业合规问题研究指导工作组，统筹推进企业合规问题的理论研究和实务指导，确保相关工作严格依法、稳妥有序。2020年12月，张军检察长主持召开企业合规试点工作座谈会，听取前期试点单位的工作情况汇报以及专家学者、企业代表的意见建议，对下一步依法有序开展试点工作作出部署要求。2021年4月，最高人民检察院下发《关于开展企业合规改革试点工作方案》，启动第二期企业合规改革试点工作，试点范围较第一期有所扩大，涉及北京、辽宁、上海、江苏、浙江、福建、山东、湖北、湖南、广东10个省市。2021年6月3日，最高人民检察院、司法部、财政部、生态环境部、国务院国有资产监督管理委员会、国家税务总局、国家市场监督管理总局、全国工商联、中国国际贸易促进委员会研究制定并印发了《关于建立涉案企业合规第三方监督评估机制的指导意见(试行)》(以下简称《第三方监督评估机制指导意见》)，推进企业合规改革试点工作中建立健全涉案企业合规第三方监督评估机制。同日，最高人民检察院发布首批共4件企业合规改革试点典型案例。随后，最高人民检察院第四检察厅专门下发《关于加强涉企业合规案件办理工作的通知》，要求各省级检察院经济犯罪检察部门切实担负起试点案件办理的牵头指导责任，积极推动各地规范、有序开展案件办理工作。2021年11月22日，最高人民检察院等九部门联合发布《〈关于建立涉案企业合规第三方监督评估机制的指导意见(试行)〉实施细则》和《涉案企业合规第三方监督评估机制专业人员选任管理办法(试行)》。2021年12月，最高人民检察院发布第二批共6件企业合规典型案例，积极推进第三方监督评估机制的适用。

在企业合规改革试验中，不少企业因腐败问题涉嫌犯罪，在实现反腐败合规后，才被检察机关决定不起诉。例如，宜兴市某建筑公司因涉嫌单位行贿罪被移送检察机关审查起诉。该公司曾在承接建设项目时，给予相关单位领导财物，企图在工程承接、关系协调、增加投资等方面得到关照。宜兴市人民检察院调查发现，该公司是一家优质民营企业，目前有十几个在建工程，涉及总金额近20亿元，包括多个民生保障类工程。该院积极引导开展企业合规建设,并对涉案企业和个人使用“二元化”处理方式,放过企业,严惩责任人。在该企业通过合规考察后,检察机关对企业作出不起诉决定,对直接涉罪的自然人提起公诉。该做法使上千名员工保住了饭碗,工程项目也得以顺利运转。① 在此案中,检察机关以作出不起诉决定为激励和动力,督促企业建立反腐败合规计划。未来,随着腐败类犯罪司法力度的增强以及合规不起诉改革的推广,会有更多企业在司法的监管和推动下开展反腐败合规工作。截至 2022 年 2 月,检察机关正着手制定合规有效性评价标准,其中就包含反腐败专项合规标准,这将继续推动反腐败合规的专业化和成熟化进程。

① 参见卢志坚等:《无锡:合规建设好在哪,且听企业家说一说》,载《检察日报》2021 年 11 月 10 日,第 12 版。

第三节　企业反腐败合规具体方法

要实现反腐败合规,企业一般需先找准建立反腐败合规体系的参考标准,根据企业的实际情况,调适和选择反腐败合规体系的主要内容。在构建和运行反腐败合规计划的过程中,可依据相关企业的"最佳实践"做法,不断进行完善。

▶ 一、反腐败合规体系的参考标准

专项合规是企业针对特定领域的合规风险,为避免企业因为违反相应法律法规而遭受行政处罚、刑事追究以及其他方面的损失,所建立起来的专门性合规管理体系。① 专项合规是企业合规管理体系的一部分,又自成体系,具有相对独立性。反腐败合规作为传统的专项合规,其体系建设比新兴领域更容易,因为已有国际、国内标准为其提供参考。专门针对反腐败合规的标准有国际标准化组织制定的《反贿赂管理体系》(ISO 37001),中国国家标准化委员会推出的《反贿赂管理体系》,深圳市标准技术研究院起草、深圳市场监督管理局发布的《反贿赂管理体系》深圳标准。合规体系的一般标准见表6－1。

① 参见陈瑞华:《企业合规基本理论》,法律出版社2020年版,第116页。

表 6－1　合规体系的一般标准分类

序号	国际标准	国内标准
1	国际标准化组织《合规管理体系要求及使用指南》	原国家质量监督检验检疫总局、国家标准化管理委员会《合规管理体系　指南》
2	《亚太经合组织高效率公司合规项目基本要素》	国资委《中央企业合规管理指引(试行)》
3	《世界银行集团诚信合规指引》	国家发展和改革委员会等七部委《企业境外经营合规管理指引》
4	美国《反海外腐败法资源指南》	—
5	美国司法部《公司合规管理评价指引》	—
6	法国《萨宾第二法案》	—

▶ 二、反腐败合规体系的主要内容

根据上述文件和标准，目前合规管理体系是以要素作为研究单位，为了实现企业目标和方针而相互关联或作用的一组要素。据此，关于合规管理的构成要素有三要素说、六要素说、九要素说、十一要素说和十三要素说等。三要素说认为，一个有效的合规管理体系一般由三个相互依赖的要素构成：一是董事会和管理层的监督管理；二是合规管理计划；三是合规管理审计。① 六要素说认为，合规体系至少应当包括合规义务、合规目标、合规风险、合规团队、合规措施有效性和持续改进措施。九要素说认为，企业合规体系包括治理与领导，风险评估与尽职调查，标准、政策与程序，培训与沟通，员工报告，案件管理与调查，测试与监控，第三方合规，持续改进措施。《亚太经合组

① 参见黄毅、张晓朴、李劲松等编著：《合规管理原理与实务》，法律出版社 2009 年版。

织高效率公司合规项目基本要素》提出企业合规项目的十一大基本要素:开展风险评估,管理层的全力支持和参与,制订和遵守书面的公司行为准则,建立合规管理组织架构,提供反腐败培训、教育讲座和持续指导,开展基于风险和详尽记录的尽职调查,审计和内部会计控制,合规机制和报告要求,激励,惩处,定期审查和测试。十三要素说认为,合规体系包括合规方针、合规组织、合规风险管理、合规制度与流程、合规审查、合规管理与评估、合规审计、合规考核与评价、合规宣传与培训、违规管理与问责、合规计划与合规报告、合规管理信息系统以及合规文化。

上述要素说看起来存在交叉重叠又没有规律可循,但实际上,如果采用终端视角的方式思考问题,观察行政监管机关和检察机关衡量和评价企业合规体系符合要求的标准,就会得出清晰的答案。国家之所以采用行政激励和刑罚激励的方式推动企业建立合规体系,是希望企业能够存在一套完整的合规制度,由相应的组织和资源保障其在企业实践中运行并且运行有效。因此,通过对上述要素的整合与归纳,笔者认为,合规体系建设应当由"一体三翼"组成。"一体"就是合规的行为规范,是企业及其员工行为的指引和依据,是企业全部合规的基础。企业合规体系的建设都是围绕着该行为规范的规定而实现既定的目标和方针。"三翼"就是预防—监测—应对体系。其目标是使行为规范能够在企业日常运行中得到真正落实并且落实有效。反腐败合规体系的搭建也须遵循"一体三翼"的基本框架,下面就具体内容展开详细论述。

(一)行为规范

反腐败合规的行为规范就是指引员工的行为符合经营地所在国的反腐败法律法规,这需要企业全面熟悉并且了解经营地所在国的反腐败法律法规,并将它具体体现在企业的行为规范里。就我国而言,反腐败合规的法律法规集中体现在反商业贿赂领域。

1. 行政法层面的反商业贿赂

行政法下的商业贿赂的主要集中在《反不正当竞争法》以及《关于禁止商业贿赂行为的暂行规定》的规定中。修订后的《反不正当竞争法》第 7 条规定:经营者不得采用财物或者其他手段贿赂下列单位或者个人,以谋取交易机会或者竞争优势:(1)交易相对方的工作人员;(2)受交易相对方委托办理相关事务的单位或者个人;(3)利用职权或者影响力影响交易的单位或者个人。该条明确了"贿赂"的定义,即商业贿赂是指采用财务或者其他手段行贿,谋取交易机会或者竞争优势,还以列举方式明确了交易相对方员工、受交易相对方委托办理相关事务的单位或个人、利用职权或影响力影响交易的单位或个人可以成为受贿主体。同时,该法第 19 条也规定了相应的行政处罚措施:经营者违反《反不正当竞争法》第 7 条规定贿赂他人的,由监督检查部门没收违法所得,处 10 万元以上 300 万元以下的罚款。情节严重的,吊销营业执照。

《反不正当竞争法》第 7 条第 2 款、第 3 款规定:经营者在交易活动中,可以以明示方式向交易相对方支付折扣,或者向中间人支付佣金。经营者向交易相对方支付折扣、向中间人支付佣金的,应当如实入账。接受折扣、佣金的经营者也应当如实入账。经营者的工作人员进行贿赂的,应当认定为经营者的行为;但是,经营者有证据证明该工作人员的行为与为经营者谋取交易机会或者竞争优势无关的除外。该条规定区分了佣金和回扣的区别,如果符合"账外暗中"的要件,就构成商业贿赂。同时,规定了经营者要对工作人员的商业贿赂行为承担责任,并对不构成商业贿赂承担举证责任。

此外,《行政处罚法》《中华人民共和国保险法》《中华人民共和国商业银行法》《中华人民共和国建筑法》《中华人民共和国价格法》《中华人民共和国政府采购法》《中华人民共和国税收征收管理法》《国务院关于在对外公务活动中赠送和接受礼品的规定》《治理产权交易中商业贿赂工作实施方案》《中国保险业监督管理委员会关于明确保险机构不正当竞争行为执法主体的复函》《中国银行业监督管理委员会办公厅关于银行业金融机构不正当竞争有关问题的批复》等法律、法规甚至规范性文件对商业贿赂也有相应的规定。

2. 刑法层面的反商业贿赂

刑法下的商业贿赂规定主要集中在《刑法》以及相关的刑事立法解释、司法解释中。2008 年,最高人民法院与最高人民检察院在《关于办理商业贿贿刑事案件适用法律若干问题的意见》明确了商业贿赂涉及刑罚规定的八种罪名,即非国家工作人员受贿罪、对非国家工作人员行贿罪、受贿罪、行贿罪、单位受贿罪、对单位行贿罪、单位行贿罪、介绍贿赂罪。

3. 国际条约层面的反商业贿赂

我国参与签署的规制商业贿赂的国际条约主要是2005年批准加入的《联合国反腐败公约》。《联合国反腐败公约》对贿赂犯罪进行了全面的规定,对于禁止贿赂本国公职人员、禁止贿赂外国公职人员或者国际公共组织人员、禁止私营部门内的贿赂以及禁止影响力交易均予以了规制。

根据上述法律法规,企业应当在行为规范里规定以下三方面内容:

一是基本立场。基本立场是企业针对反腐败的立场和目标,一般规定为:企业及所有员工应遵守经营地所在国关于反腐败的法律法规,任何人不得从事违法活动。

二是贿赂行为的表现形式。应根据上述法律规范将贿赂的含义和表现形式明确规定在行为规范中。不仅应当涵盖针对企业及员工与交易主体及相关人员交往中的禁止性规定,还应当包括企业及其人员在接受佣金、礼品后的命令性要求。行为规范不仅适用于企业及其员工,还应当适用于第三方商业伙伴。对于提供服务或者代表企业行事的第三方,企业应当第一时间告知其企业合规行为规范,要求其学习并承诺遵守。

三是违反企业禁止性规定和命令性要求,将受到的处罚。处罚对员工行为可以起到震慑作用,其包括警告、降薪、取消奖金、停职、解聘等。对于构成违法犯罪的员工,企业可以决定永不聘用并移送国家有关部门进行惩处等。

建立完备的行为规范的前提是进行系统的风险评估。合规风险评估包括风险识别、分析和评价三方面。风险评估是发现、收集、确认、描述、分类、整理风险,对其产生原因、影响范围、潜在后果等进行分析归纳。风险评估一般采取文档审阅、数据分析、访谈、问卷调查、头脑风暴等方式,综合考虑业务规模、商业模式、营业地、交易主体、交易类型、对商业伙伴的使用、政府关系、当地习俗等相关因素,尽可能全面、准确地评估实际的合规风险,最终形成风险评估报告,将风险评估结果与相关经营单位充分沟通,协调实施针对该地区或该领域实际情况的相应政策、规范和流程。

（二）预防体系

在制订了行为规范后，企业首要的目标是预防反腐败合规风险的发生，使行为规范不仅仅是停留在纸面上的要求，而是成为贯彻在业务实践中的具有生命力的准则。

预防体系主要由合规组织、领导者承诺、员工培训三部分构成。企业应当在合规管理委员会下单独成立反腐败合规部，并在每一个业务部门设立合规联络人。反腐败合规部定期开展反腐败合规的风险评估并形成合规风险源清单，定期更新维护风险库，及时根据业务变化调整风险评估清单和行为规范。

为了确保合规行为规范的有效运行，领导者承诺是必要的。如果管理层为了达到业务目标而明确鼓励或者默许员工从事不法行为，那么合规的行为规范将会无效。领导者作为企业的“领头羊”，其行为和态度具有示范效应，领导者承诺既是合规行为规范有效运行的基础，也是企业合规文化的重要体现。因此，领导者首先要在整个合规组织中阐明合规要求，并保证企业对于合规的态度在整个公司群体中得到了有效传达。

有效的合规培训能使员工了解、掌握行为规范的要求并予以遵循。合规培训要全员化和分类化，应针对容易出现合规风险的高发人群开展集中重点培训。培训还应当伴随“建议”“支持”“考核”，即管理层和员工可以向合规官提出问题，询问具体的业务情形是否属于风险类别以及合规法律规范的解释和运用。培训的内容应当以考试形式检验效果并最终计入员工的评价体系。

（三）监测体系

为了使行为规范能够运转起来并运转有效，企业应当建立合规的监测体系，监测体系包括控制管理、审计、举报处理以及报告责任。

控制管理，是指企业要对日常的业务环节进行流程监控，企业应当设置合规审批流程，将其嵌入公司的采购、销售、财务和投资等各个流程，确保合规控制管理贯穿于业务活动全过程的主要节点之中。合规审批流程如果不通过,相关业务流程就要暂停并按照要求进行整改。

审计,是指公司的审计人员要定期检查合规体系是否在公司内部得到了贯彻执行,并定期检查是否存在违规的情况。

举报,是指任何员工都可以针对腐败的违规行为向企业提供线索。有效的合规体系应当给员工提供可以无后顾之忧地秘密举报其所发现的违规行为的途径,例如,匿名举报热线、邮箱或网上举报。收到举报,企业应当展开有效可靠的内部调查并且如实记录企业的调查过程及结果,公司其他部门有义务对调查活动提供支持和帮助。如果所举报的行为构成违法,反腐败合规部应当细化分析该违法行为发生的原因,对内部调查发现的问题查缺补漏,及时更新合规行为规范,并在后续的培训中关注此类问题,以此完善企业合规管理体系的漏洞,对合规体系运行的有效性形成持续的监测和改进。

报告责任,是指反腐败合规部要定期或不定期向公司管理层报告合规问题。

(四)应对体系

应对体系包括合规问责与企业对行政监管调查和刑事司法调查的应对。合规是对企业高管及员工的违法、违规、违纪行为进行责任追究的活动,如涉及违反刑法或其他国家层面的法律法规,应按规定移交司法部门或相关政府部门。企业如果面临行政监管调查和刑事司法调查,要启动应急预案,按照明确问题—调查核实—说明情况的程序积极配合行政监管机关和侦查机关。一是如果企业及员工不存在相关行为,应当及时结合自身调查的证据说明情况;二是如果被调查的行为涉嫌违法犯罪,企业应当及时提供平时运行的合规情况进行说明,以协助行政监管和侦查机关辨识该行为是企业行为还是员工个人行为,同时积极配合调查,并就该行为所反映的合规体系漏洞进行及时更新和完善。

▶ 三、反腐败合规的典型案例——中兴公司[①]

中兴公司反贿赂体系由八要素组成,对标《反贿赂管理体系》(ISO 37001)建立了一套完整的合规体系。由图 6 - 1 可见,"一体三翼"的内容完全涵盖在中兴公司反贿赂管理体系中。

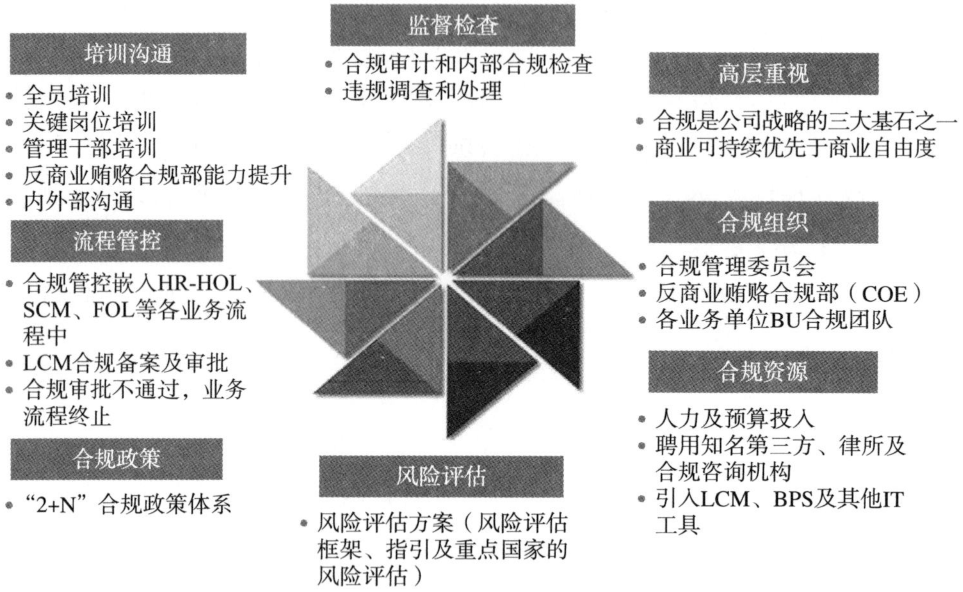

图 6 - 1　中兴公司反贿赂管理体系示意

(一)行为规范

首先,中兴公司建立了反贿赂行为规范——"2 + N"合规政策体系,即《反贿赂合规政策》《反贿赂合规手册》和各管理规范及其工作指引,见图 6 - 2。

---

① 本部分资料内容全部源于中兴公司官网,https://www. zte. com. cn/china/about/trust-center/Legal-and-Compliance/201910081604。

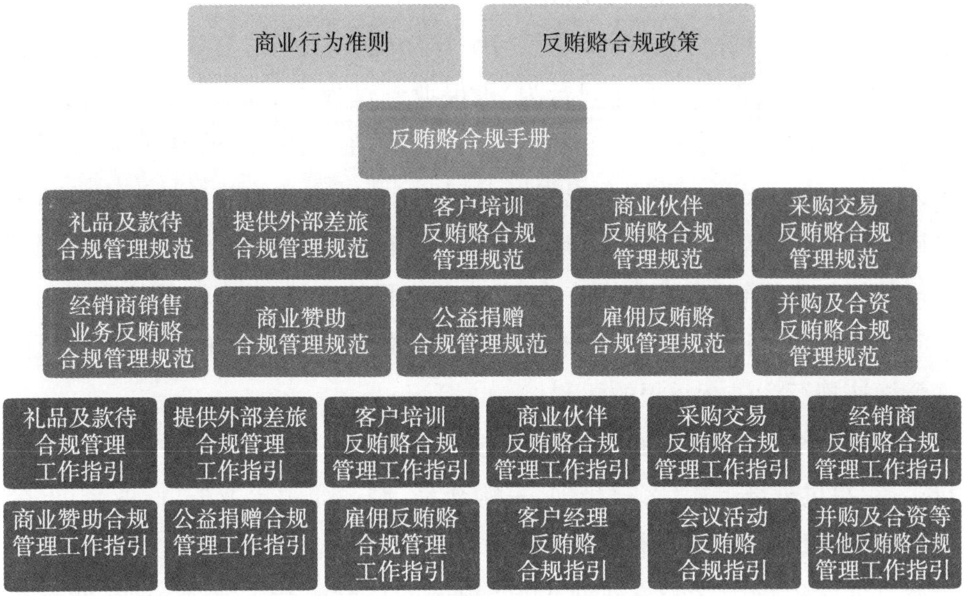

图6－2　中兴公司反贿赂行为规范

在《反贿赂合规手册》中,中兴公司明确了四者之间的关系,即《反贿赂合规政策》是公司对反贿赂管理整体的目标、方针和要求;《反贿赂合规手册》是中兴公司相关人员及代表中兴公司或为了中兴公司的利益开展业务的商业伙伴遵循政策、规范和流程要求的通用指南;管理规范是在中兴公司反贿赂合规文档体系下规定部门职责、管理原则、要求和流程的标准文档,是政策落地执行的规范性文件;工作指引是落实管理规范所规定的管理流程和要求的具体指南,既有针对某一大类业务或流程的工作指引,也有针对某一岗位或人员的工作指引,还可能有以地域或实体区分的工作指引。

具体而言,《反贿赂合规政策》是纲领性文件,表明了中兴公司对待反腐败和反贿赂行为的态度和要求。中兴公司对于违反法律和法规的腐败和贿赂持零容忍的态度,中兴公司的董事会和合规管理委员会对反贿赂合规项目予以全力支持。在《反贿赂合规政策》中,列明了四项要求:(1)所有中兴公司的员工均必须完成关于遵守反贿赂相关合规政策的声明。(2)所有中兴公司的员工、商业伙伴均必须遵守所适用的反腐败和反贿赂相关法律法规,以及中兴公司颁布的为确保合规的所有相关政策、规范和流程。(3)所有中兴公司的员工、商业伙伴均必须充分了解反腐败和反贿赂相关法律法规如何适用于其工作,并充分地、踊跃地参与所有合规培训,通过有效的途径咨询任何合规问题或报告潜在的违规行为,确保业务过程中的记录、数据和信息真实、准确和完整,并对上述信息做好文档保存,在不确定哪些要求可能适用时,向中兴公司反商业贿赂合规部提出问题。(4)本政策豁免情形需要事先获得反商业贿赂合规部的法律建议和批准。在具体要求中,中兴公司明确了公司员工具有了解、遵守合规政策、规范和流程的义务,具有记录的职责与提出问题的权利。同时,《反贿赂合规政策》还规定中兴公司的员工有针反贿赂合规违规行为进行举报的权利。

《反贿赂合规手册》在"如何管理具体义务中的贿赂风险"中规定了礼品与接待、提供外部差旅、客户培训、采购交易、经销商销售业务、商业赞助、公益捐赠、雇佣、并购及合资和其他等 11 个领域内合规的禁止性规定,并结合业务实际以场景化的方式对 11 个领域的风险进行了举例说明,使员工对腐败情形和禁止性规定有更为直观的了解。除了对反腐败禁止行为进行规定,《反贿赂合规手册》还对"会计与记录管理"进行了规定。准确而完整的会计记录能反映公司交易和资产处置的内容,以证明业务的合理性和正当性。因此,中兴公司要求《反贿赂合规手册》中所提到的所有开支项,如礼品与接待、提供外部差旅、公益捐赠和商业赞助等,均须完整、准确地记录在公司账簿中。此外,缺失、不当记账或会计记录可能导致公司违反当地法律法规(如税法等),所以中兴公司员工应保留所有交易和资产处置的有效文件和票据。同时,《反贿赂合规手册》规定了会计记录方面的五项禁止行为:(1)禁止以虚假资料进行报销或者记账;(2)禁止未按照或者超出合同约定报销及支付;(3)禁止隐瞒交易真实性质进行报销或者记账;(4)禁止恶意规避公司审批流程进行支付;(5)禁止伪造或者变造记账凭证。

为了使行为规范能够及时、准确地根据实际业务和风险变化,反商业贿赂合规部和业务部门(businiss unit,BU)合规团队每年定期开展相关地区或领域的风险评估,并不断更新公司风险库,整合管理策略和措施。

(二)预防体系

为预防反腐败合规风险的发生,中兴公司运用了领导者承诺、健全的合规组织、全面的员工培训“三驾马车”。

1. 领导者承诺

首先,中兴公司用“来自总裁的一封信”向员工、股东和商业伙伴三方表明中兴公司领导者对贿赂行为的态度;其次,中兴公司高层根据《合规管理委员会章程》的议事规则和流程参与合规规划、重要规范文件和重大合规事项的决策及建议,直接对其所管辖业务的合规性负责。同时,在合规意识提升和文化培养方面,中兴公司高层身体力行,直接参与下属单位的合规培训和沟通。合规管理组织有任何合规事项,也可直接向公司高层汇报,具有非常通畅的沟通渠道。

2. 合规组织

中兴公司建立了健全的反贿赂合规组织,具体如图 6－3 所示。

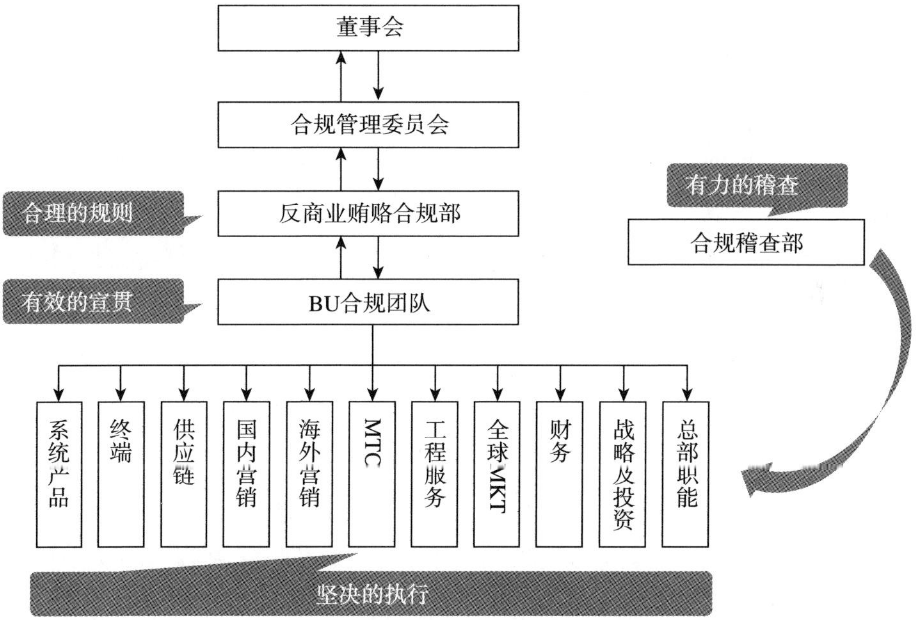

图 6－3　中兴公司反贿赂合规组织

中兴公司在合规管理委员会下成立了独立的反商业贿赂合规部,反商业贿赂合规部引入了多名在风险评估、尽职调查、反贿赂体系建设、持续监督等方面有着丰富经验的专家。同时,中兴公司在各业务部门成立了 BU 合规团队。合规团队设立在公司各个业务单位,包括:(1)合规组织管理部各 BU 合规总监和合规经理;(2)法律事务部承担海外营销及国内营销 BU 合规职能的法务总监和法务经理。中兴公司还成立合规稽查部,专门处理违规行为的举报和调查。由此,中兴公司形成了反商业贿赂合规的三道防线,即业务部门是第一道防线,合规管理部是第二道防线,合规稽查部是第三道防线。

3. 培训

中兴公司反商业贿赂合规部负责公司整体反贿赂合规培训的策划和进行。其建立了对高管及 BU 合规总监进行培训—管理干部培训—员工培训的三级培训体系,使合规要求和合规文化能够迅速传达并下沉至全员。根据《反贿赂管理体系》(ISO 37001)的要求,合规培训内容应包括公司反贿赂政策、程序、员工遵从合规的职责、员工或企业可能面临的贿赂风险及该风险潜在的损害、风险发生的业务场景及场景识别、违规后果及汇报或举报渠道等。结合自身情况,中兴公司的反贿赂合规课程设计主要依从两个维度:一是内部政策导向,即课程覆盖所有风险领域子政策,如商业伙伴或采购交易、业务活动费等。二是岗位风险导向,即根据培训对象的岗位不同定制课程,目前已开发上线的课程有全员类、关键岗位类及商业伙伴类等。然而,无论是何种维度,每门课程的开发和讲解都充分考虑和融入了合规红线要求、审批路径、业务场景剖析等知识点。

(三)监测体系

为使行为规范和合规体系有效运转,中兴公司建立了较严密的监测体系,包括流程监控、持续监督和改进、有效审计和违规报告。

关于流程监控,中兴公司选择将合规规范嵌入业务流程。首先,中兴公司全面梳理了公司的合规管控点或关键控制点(Key Control Point,KCP)并将其嵌入业务流程。在业务流程中嵌入 KCP,有助于系统性防控合规风险,也是合规融于业务的体现。其次,中兴公司引入并持续优化法律及合规管理系统(Legal & Compliance Management,LCM)和商业伙伴扫描系统(Business Partner Screening,BPS)、团队协作管理系统(Team Share,TS)等IT系统和工具,通过这些系统和工具设立合规审批流程,并将合规审批流程嵌入公司的销售、采购、财务、雇佣和投资等业务及IT流程,确保合规管控实际贯穿于业务活动全过程的主要节点之中。合规审批流程不通过,相关业务不得继续进行,除非消除相关的禁止性合规事项或风险信号。

关于持续监督和改进,主要体现在两个方面:一是行为规范的监督和改进;二是合规体系的监督和改进。行为规范并非一劳永逸,它需要随着公司业务、风险的变化和法律规范的变化而实时更新。中兴公司反商业贿赂合规部和BU合规团队定期或不定期更新公司的风险库,不断丰富业务场景,以使规范适应形势发展的需要。而且,对体系设计和执行的有效性开展持续监督,对缺陷和不足项进行自我整改。

中兴公司合规稽查部根据年度计划定期开展合规审计,以发现体系缺陷和不足,并督促完成整改。对于通过举报线索或审计发现的潜在违规行为,合规稽查部按照相关流程和要求进行调查,并根据调查结果,作出是否采取纪律处分措施的建议。

关于违规报告,中兴公司《反贿赂合规政策》和《反贿赂合规手册》均明确规定中兴公司欢迎任何基于善意的对可能或疑似的贿赂行为进行报告,并确保报告的员工或商业伙伴及其人员都将受到保护,不会受到任何形式的打击报复。

(四)应对体系

中兴公司由合规稽查部负责对合规违规行为的调查。《反贿赂合规手册》规定了中兴公司的纪律处分,纪律处分的对象既包括涉嫌违规的人员,也包括无合理理由而忽略、未能检测或报告相关违规行为的相关人员,以及对报告相关违规行为的人员进行打击报复的相关人员。纪律处分包括立即解雇。自2019年以来,中兴公司共对8名违反公司合规政策、规范和流程要求的员工,进行了不同程度的处罚。完善的应对体系使中兴公司能够及时发现违规行为并作出有效处理,对其他员工起到警示教育作用,也能够及时发现制度漏洞和结构性缺陷予以修补和完善。

中兴公司实施了为期3年的合规计划,助力合规经营。其合规计划路径分为恢复期、发展期和超越期,具体说来,恢复期:守护价值,设定公司合规红线,并将合规嵌入业务流程,实现子公司穿透管理;发展期:协同发展,完善合规规则,有效宣贯,营造合规文化,促进执行落地,强化合规稽查,实现闭环管控;超越期:带来增值,树立合规标杆,创建合规品牌,致力于构建与公司业务实践相一致的一流合规管理体系。中兴公司通过加大合规资金投入,加强法律合规专业化团队建设,对重要风险领域进行了细分,并补充专家力量,探索出了一套与中兴公司业务实践相结合的合规管理体系,使中兴公司的合规管理成为一套可以被追踪、执行、落地和改进的方法。

第七章
反垄断合规要求
企业如何做？

在企业合规发展历史上，反垄断合规是最先产生的专项合规类型之一。当市场经济发展至一定阶段，无可避免地会产生一些经营垄断现象，破坏公平竞争的市场机制。在域外，各国最先在反垄断执法领域推动企业建立合规管理体系；在国内，我国正处于加强反垄断执法的阶段，开始出现高达数百亿元的企业罚款，也有以《经营者反垄断合规指南》为代表的系列官方文件引导企业建立有效的反垄断合规管理体系。那么，垄断风险的特殊性在哪里？企业如何进行反垄断合规？公民如何监督企业的反垄断合规实践？本章从专项化的视角，全面解析反垄断合规问题。

第一节　反垄断合规的起源与发展

▶ 一、垄断的定义和表现形式

垄断也叫独占,是经济学名词,是指在市场上一个行业里只有一家公司提供产品或服务或在行业里占据绝大多数市场份额,能够轻易控制该行业产品或服务的价格。

"垄断"一词源于《孟子·公孙丑下》"必求龙断而登之,以左右望而罔市利"。结合上下文理解为,古代的市场交易中,原本是为了以自己有的东西换取自己没有的东西,政府部门对市场进行管理,却有那么一类人,一定要在市集上找一个最高的地方登上去,左望望,右看看,要把市集上所有的赚头都捞到自己兜里。这段文字生动形象地描述了垄断的目的,可见在古代就存在这种经济现象。在现代社会,如一个小镇上原来有两家油条、豆腐脑早餐店(假设没有网购),其中一家把另一家挤压倒闭,或者这两家早餐店合并成一家,那么在早餐店的市场里只有一家店的情况,就叫垄断。

垄断是自由竞争不断发展的产物,最初的市场上每个行业的经营者数目不定,凭借市场的供需关系自由发展,生产成本逐步趋向一致,利润也趋向一致。在这种情况下,经营者若想获得更多的利润,必然会采取更加先进的生产技术和科学的管理方法,实行生产的专业化和协作,以便提高生产率,降低成本,这种自由竞争的方式有利于整个社会的科技进步和经济发展。随着竞争的加剧,大企业开始凭借着经济优势、资本的力量,不断地排挤竞争对手并且吞并中小企业,使生产资料、劳动力和产品日益集中在自己的手中。在一个行业中,当生产和资本集中到一定程度时,行业中的企业数量在减少,资本往往会集中在几个或几十个大企业手中。这时,很容易达成生产和销售协议,这就使垄断具有了可能性。大企业因其拥有的资源和资本庞大导致大企业之间的竞争异常惨烈，容易造成两败俱伤，若能彼此在一定程度上妥协，达成协议，避免因竞争造成损失又有利可图，这就为垄断提供了必要性。因此，自由竞争发展到一定阶段引起生产集中，生产集中继续发展必定走向垄断。这就是垄断产生的原因。

垄断的表现形式主要有四种：

第一，卡特尔(Cartel)：由生产同类产品的企业，为获得垄断利润而在价格、销售市场、生产规模和其他方面签订协议而组成的联合，各企业在经济活动中仍然保持独立性。按照协议的内容不同可分为规定销售市场范围的卡特尔(划区而治)、规定销售价格的卡特尔(价格联盟)、规定生产产品的生产限额卡特尔(数量联盟)。随着经济发展和国际合作的加强，跨国公司出现后，资本主义各国中的垄断组织之间建立起国际卡特尔，其规模和影响力呈几何倍增长，远非各国国内卡特尔可比拟。① 2017 年，德国大众汽车尾气处理丑闻，使德国汽车行业卡特尔案件浮出水面。据德国《明镜》周刊报道，自 1990 年开始，大众集团及其子公司奥迪和保时捷、宝马、戴姆勒等德国汽车生产商以不同工作组的形式举行秘密会议，就技术、成本、供应商和柴油尾气处理系统等问题相互协商并最终达成一致，成为德国经济史上最大的垄断案例。②

第二，辛迪加(Syndicate)：企业间通过签订共同的供销协议而形成的同盟。参加辛迪加的企业通过签订共同销售商品和采购原材料的协议来协调价格以获得垄断利润，参加辛迪加联盟的企业，将商品销售和原材料供应权交给同盟统一运作。在商业上，参加辛迪加的企业丧失了独立性，仅保持生产的独立性；在法律上，参加辛迪加的企业仍然是独立的法律实体和经济组织，只是通过协议将一部分的商业权让渡给联盟，联盟各企业间按照各自所

① 参见《垄断的内涵性质、危害与治理》，载江苏智库网，http://www.jsthinktank.com/wap/zhikuyanjiu/202109/t20210922_7241877.shtml。

② 参见张枕河：《涉嫌史上最大垄断丑闻　德国车企巨头遭遇“集体大考”》，载中证网，https://www.cs.com.cn/xwzx/hwxx/201707/t20170729_5398929.html。

得份额分享销售利润。[①] 例如，19 世纪末 20 世纪初的法国隆维商行和圣戈班玻璃总公司。

第三，托拉斯（Trust）：由生产同类产品或相关产品的企业联合组成的股份公司，参加托拉斯的企业不再是独立的法人，通过股权结构的调整，原企业消失，所有参加托拉斯组织的企业成为托拉斯的股东，由托拉斯对原企业的供应链、生产、销售、人员、财务、资产实行统一管理，股东们按照股权比例获得分红，享有利润。洛克菲勒成立的标准石油公司是美国第一个托拉斯组织。随着石油托拉斯的成立，随后白糖托拉斯、烟草托拉斯、橡胶托拉斯相继兴起，充斥在美国的工业部门中，美国成为典型的托拉斯国家。

第四，康采恩（Konzern）：是由工业、商业、运输、金融、保险等不同经济部门中的企业联合组成的垄断组织。这个垄断组织通常是被银行或资本雄厚的大企业控制，由一个母公司和若干子公司组成，通过母、子公司控股或参股的方式，控制其他中小企业，从而形成了规模较大的康采恩集团。成员企业虽然在法律上仍然保持着独立性，但实际的经营活动已由集团控制。在第二次世界大战之前，日本的大型康采恩集团也被称为“财阀”，如三井财阀、三菱财阀、住友财阀、安田财阀等。现在的韩国财阀更为典型，例如，三星集团为韩国贡献 22% 的税金，其分公司从医疗保险行业到军火制造业实现了全方位垄断。[②]

垄断是市场竞争的必然产物，但垄断恰恰又会破坏竞争机制，影响社会资源的优化配置、限制竞争和经营者组织效率，进而阻碍社会进步、损害消费者利益，造成社会公共利益的损失。

首先，垄断影响了市场价格作为市场资源配置的指挥棒。价格是市场资源配置的指挥棒，例如，当大蒜供不应求时，大蒜的价格会提高，就有更多的菜农转而种蒜，从而增加大蒜的供给去满足市场需求，平衡市场供需；当大蒜供过于求时，大蒜的价格下降，菜农们转而栽种其他价格高的蔬菜，导致大蒜供给减少，需求增加。价格正是在供求关系的影响下，自动调节生产，调节流

---

① 参见《垄断的内涵性质、危害与治理》，载江苏智库网，http://www.jsthinktank.com/wap/zhikuyanjiu/202109/t20210922_7241877.shtml。

② 同上。

通，并实现对社会资源的有效配置。当垄断形成，大蒜的价格由垄断组织内部通过协议等方式规定，价格无法正确反映市场的供需关系，价格作为市场资源配置指挥棒的作用消失，市场秩序被打乱。

其次，垄断影响同行业中企业间的公平竞争。市场竞争应是公平、诚信的竞争。一旦出现垄断，垄断组织便利用自身的优势资源形成价格垄断，阻碍了公平竞争。一个行业内部分企业的价格垄断必然会造成对该行业内其他企业的不公平竞争，一个行业的价格垄断行为同样也会影响其上下游行业的整体竞争状况，从而导致实施价格垄断的行业企业获得非法的竞争优势，同时实施价格垄断的行业企业的联合也会打击该行业潜在的进入者，从而维护价格垄断实施者的整体利益，导致其他行业企业不公平的竞争，破坏了正常的企业行业的竞争秩序。

再次，垄断影响消费者的利益，侵犯了消费者的公平交易权和选择权。在公平竞争的市场环境中，商品的价格能够反应市场上的供求关系，消费者购买商品所支付的价格具有相对的公平性，并可以按照自己的喜好选择交易。垄断企业通过控制原材料价格、产量、销售渠道等办法控制价格，一方面剥夺了消费者获得市场公平价格的权利；另一方面垄断企业通过限制产量、抬高价格将垄断利润从消费者手中转移到垄断企业手中，损害了消费者的利益。除此之外，在竞争的机制下，商品和服务的提供者为了使自己的商品获得更多的客户而争先提高商品和服务的质量，最终使消费者受益；而垄断限制了竞争，市场上缺乏竞争导致商品和服务质量缺少提高的原发动力，间接影响了消费者获得更好的商品和服务。

最后，垄断限制了创新和科技进步。在正常的竞争机制下，企业为了降低成本、提高生产效率，会自发地追求创新，用新的技术和创新的经营模式在众多竞争者中脱颖而出，获得更多的客户和消费者，自然推动了整个社会的创新和技术进度。而垄断企业通常利用自己的优势资源和雄厚的资本将未来可能成为竞争对手的，处于萌芽阶段拥有创新模式或新技术的企业收入囊中或扼杀在初创阶段。按照垄断企业实现垄断利润最大化的节奏来安排推出新技术和创新的时机，在一定程度上限制了整个社会的技术革新和进步的速度。

二、反垄断合规的国际发展

由于垄断对社会的发展弊大于利,因此,政府为规范商品与服务的竞争市场,控制价格波动与不公平交易的行为而进行竞争立法。早期的竞争法案例可以追溯到罗马法时期,规定任何买断、隐藏日用品或使日用品匮乏的人都将被判处死刑。中世纪也有法规规定,超额收费的商家应支付其所获得收入两倍金额给受害方,并禁止商业联合行为。

(一)现代反垄断法

美国南北战争时期,经济高速增长、市场需求激增,制造业企业规模迅速扩大,加上美国全国的铁路交通网初步建设完成,商品的地方市场和区域市场迅速融为全国统一的大市场。全国统一的大市场推动了垄断组织即托拉斯的形成和发展。洛克菲勒创建的标准石油公司,后改名为美孚石油公司是美国石油业第一个托拉斯,随后各行业托拉斯相继形成,使托拉斯组织在美国成为不受控制的经济势力。过度的经济集中使生产效率低的小企业无法生存或倒闭或被收购,同时经济集中加深了劳资关系矛盾,企业主随意压低工资,垄断组织滥用市场优势使社会中下层人民饱受苦难,工人们生活状况恶化,市场普遍失去活力。在19世纪80年代,美国爆发了抵制托拉斯的大规模农民和工人运动,这些运动推动了对大企业进行限制的法律的出台。在此背景下,1890年,《谢尔曼法》(Sherman Act)诞生,其是世界上最早的真正意义上的反垄断法。"谢尔曼法依据的前提是,自由竞争将产生最经济的资源配置,最低的价格,最高的质量和最大的物质进步,同时创造一个有助于维护民主的政治和社会制度的环境。"[①]1914年,美国颁布了《克莱顿法》和《联邦贸易委员会法》作为对《谢尔曼法》的补充。之后又颁布了《报业保护法》《出口贸易公司法》《全国合作研究法》《地方政府反托拉斯法》等多个单行

① 斯庆:《美国的〈谢尔曼法〉》,载北京法院网2004年3月17日,https://bjgy.chinacourt.gov.cn/article/detail/2004/03/id/824202.shtml。

法；为了增强反垄断法具体行为和其他领域的可操作性，颁布了《横向合并指南》《关于竞争者之间的共谋行为的反垄断指南》《知识产权使用许可的反垄断指南》《反垄断法的国际适用指南》及众多判例。因此，美国的反垄断法系是以三大基础法为核心，多个单行法律、法规、指引以及各级法院的司法判例组成的庞大反垄断法体系。①

第一次世界大战后，加拿大推出《联合调查法》，法国加强了1810年《拿破仑法典》中的竞争条款。第二次世界大战后，各国的竞争法发展迅速，日本在1947年颁布了《禁止私人垄断和确保公正交易法》；德国于1957年颁布了《反对限制竞争法》；欧共体理事会也在1989年颁布了《欧共体企业合并控制条例》，把控制企业合并作为欧共体竞争法的重要内容；意大利在1990年颁布了反垄断法。

东南亚等发展中国家由于政治体制不同，国家的主要产业部门，如电力、交通、能源等都是由国有企业经营，国有资源由国家掌握。另外，社会主义国家实行的是计划经济体制，经济和市场活动由国家政策统一管理和调配。

20世纪80年代后期，随着经济发展，世界各国经济政策转向民营化，放松管制从而促进竞争。许多发展中国家引入私营经济，在原来单纯由国家经营的行业中引入民营企业，打破垄断引入竞争机制，纷纷制定或者强化反垄断法。至1991年，中欧和东欧地区的绝大多数国家包括保加利亚、罗马尼亚、克罗地亚、爱沙尼亚、哈萨克斯坦、立陶宛、波兰、俄罗斯、匈牙利等都颁布了反垄断法。越来越多的国家申请加入欧盟，这些国家根据欧共体竞争政策进一步强化了本国的反垄断法。

（二）反垄断法的核心及规范的行为

由于反垄断的实质是反对垄断和保护竞争，虽然世界各国的反垄断法形式不同，但反垄断法的核心都是规范市场竞争中的垄断和限制竞争行为。

美国《谢尔曼法》第1条规定，“任何限制州际或对外贸易或商业的合

① 参见《美国反垄断法的历史沿革》，载企红网2021年5月21日，http://www.tmhong.com/article_31594。

同、以托拉斯或其他形式进行的联合或共谋,均为非法。任何人签订上述契约或从事上述联合或共谋,是严重犯罪",将限制贸易的行为规定为违法。第 2 条规定:"任何人,如果垄断或意图垄断或与他人联合或共谋垄断州际或对外贸易或商业,均视为犯有重罪",将垄断的意图规定为违法。《克莱顿法》扩展了禁止垄断和竞争限制的范围,包括价格歧视、有附加条件的买卖双方交易的排他协议及可能限制竞争和导致垄断的收购和兼并。《联邦贸易委员会法》将"保证公正的效率竞争,维护消费者利益"作为目标,规定"商业中或影响商业的不公平的竞争方法是非法的;商业中或影响商业的不公平或欺骗性行为及惯例,是非法的"。进一步强化和扩大了违法行为的范围。因此,美国的反垄断法体系中虽未对"垄断"进行明确的法律定义来界定,但用立法原则规定和列举的方式将反垄断行为界定为:联合限制竞争行为、滥用经济优势、价格歧视、具有垄断性质的企业兼并、损害消费者的行为及其他反竞争行为。

欧盟的竞争法主要包括四大部分:反托拉斯、并购、自由化和国家补贴。《里斯本条约》第 101 条规定,禁止两个或两个以上的公司通过协议限制竞争,典型的行为是竞争者之间的卡特尔,包括限定价格、限制销售或生产能力来控制供货、分割市场或消费者。第 102 条规定,禁止企业滥用其支配性地位,典型行为是企业试图通过掠夺性定价将竞争者排挤出市场。欧盟通过《第 4064/89 号关于企业并购控制的理事会条例》(以下简称《并购条例》)规定,如果并购企业在全球以及欧盟的营业额超过了欧盟《并购条例》所规定的金额,该并购就必须向欧盟委员会(以下简称欧委会)进行申报,欧委会对并购是否与欧盟市场相容,即并购是否会严重阻碍欧盟的有效竞争作出无条件批准、有条件批准或禁止并购的决定。欧委会实施自由化旨在开放交通、能源、邮政和电信等服务行业,打破国家垄断,引入国际竞争,扩大消费者的选择范围,使消费者享受更好的产品和服务,同时要求享有"垄断权"的企业承担相应的义务来保证公平竞争。为保证各成员国的企业公平竞争,防止成员国运用公共资源扭曲企业之间的竞争和欧盟内各成员国之间的贸易,《欧洲共同体条约》第 87 ~ 89 条规定,国家补贴是国家公共权力部门在有选择的基础上给予企业的任何形式的优惠,包括政府资助、利息减免、税收减免、国家保证、提供产品或服务的优惠或其他任何形式。成员国必须履行补贴的通告义务。未经欧委会批准,不得进行补贴。一旦发现补贴与共同市场不相容,欧委会有权要求成员国通过适当的国内程序恢复原状,并要求受益者返还所接受的补贴。①

无论是美国反垄断法还是欧盟的竞争法,主要规范的行为是四种:横向限制、纵向限制、滥用市场支配地位、市场集中(合并和收购)。

1. 横向限制

横向联合限制行为是竞争者之间存在限制竞争的协议、共谋和串通,行为种类包括禁止固定价格、联合抵制、产量限制、市场分割等。在以市场份额标准确定横向联合限制行为的反竞争影响方面,美国的"特别安全地带"(special safety zones),是指市场份额不超过20%的一些合作和其他一些与"创新市场"有关的合作。②

2. 纵向限制

纵向限制包括最低转售价格协议、固定转售价格协议、地域保护协议、限制客户协议、捆绑销售、附加不合理条件的销售等。欧盟竞争法规定,在纵向限制竞争协议中,如果协议所涉及的市场份额不超过30%,则可得到豁免;而在美国的反托拉斯法中,根据司法实践,纵向限制竞争的协议所涉及的市场份额在20%~30%,该协议才处于安全界限之内,不受反托拉斯法的管制。

3. 滥用市场支配地位

美国反托拉斯法对滥用行为的界定立足于行为的排挤竞争的属性,以及对消费者的最终损害,具有主观性。而欧盟的滥用行为的界定立足于支配企业的特殊责任和强调对中小企业的保护上,具有客观性。

4. 市场集中(合并和收购)

市场经济下,企业本身有着扩大规模和扩大市场份额的自然倾向,如果对合并不加控制,允许企业无限制地购买或者兼并其他的企业,不可避免地

---

① 参见《欧盟竞争政策》,载商务部官网2017年6月12日,http://eu.mofcom.gov.cn/article/ddfg/m/201706/20170602591003.shtml。

② 参见白艳:《欧美竞争法比较研究》,中国政法大学2004年博士学位论文,第2页。

会消灭市场上的竞争者,导致垄断性的市场结构。出于维护市场竞争的需要,各国反垄断法都有控制合并的规定。这种控制的目的不是限制企业的绝对规模,而是保证市场上有竞争者。这方面的法律制度主要是合并的申报和审批制度,即达到一定规模的企业合并需要向反垄断法的主管机关进行申报。根据美国、德国、日本等许多国家的法律,只要合并可以产生或者加强市场支配地位,反垄断法主管机关就可以禁止合并。有些国家的法律还规定,什么样的合并可以推断为是产生或者加强了市场支配地位。例如,德国的《反对限制竞争法》规定,如果合并后,一家企业达到了1/3的市场份额,或者3家或3家以下的企业共同达到1/2市场份额,或者5家或5家以下的企业共同达到2/3的市场份额,就可以推断合并产生或者加强了市场支配地位。

▶ 三、数字经济时代下各国反垄断合规的新情况

随着谷歌、Facebook、苹果、Amazon等大型数字平台影响力的日益增长,加上居家办公和生活的需要,欧美电子商务、远程办公与在线娱乐渗透率剧增。与此同时,大型数字平台频频爆出诸如隐私泄露、妨碍竞争、操纵舆情等严重问题,欧美社会要求对大型平台加以限制的呼声越来越深得民心,相关政府和立法机构的反垄断措施也越来越多。

美国在行政管理上不断加强反垄断措施,于2021年发布了一项关于竞争的全面行政命令,指示多个机构(包括但不限于联邦贸易委员会和司法部反垄断司)发起旨在将竞争政策纳入整个联邦政府的审查的举措,白宫还成立了涵盖八个独立机构的竞争委员会。美国立法机构在反垄断领域也有很多动作,在联邦层面,众议院和参议院都提出了一系列旨在改变反垄断执法方式的综合法案,以及针对美国科技公司的具体法案,但是进展缓慢。这些反垄断法案涉及范围从相对具体的HSR备案费和机构募资,到恢复联邦贸易委员会(Federal Trade Commission,FTC)执法权以及对公司合并法的全面修改,拥有强大的立法联盟。州立法机构同样也值得关注,如纽约州正在通过立法,目标使纽约州成为全球并购案的审查及执法者,要求世

界范围内的大型企业合并案,即使与纽约州没有关系,也需要在交割前提交审查。整体来看,待通过或已承诺的美国反垄断法案比20世纪的任何时候都要多。①

欧盟除保护消费者权益之外,出于鼓励培育本土数字产业的目的,针对大型数字平台进行了很多反垄断立法和执法工作。针对传统反垄断法案在面对数字经济时力不从心的问题,欧盟将在2022年通过数字市场法(Digital Markets Act,DMA)。DMA旨在规范被认为是“守门人”的大型数字平台,比如Google、FaceBook、Amazon,该法案标志着从事后监管到事前监管的巨大转变。DMA提供了一套直接适用于平台的严格行为规则(“做与不做”)。DMA的一些义务相对没有争议,如针对最惠国条款的规则,或针对平台使用商业非公开数据竞争的规则;一些规定新颖且影响深远,如DMA草案包括一项规则,要求看门人的搜索引擎服务需要与潜在的竞争对手搜索引擎服务共享欧洲公民的搜索数据,还要求看门人支持无限制开放式访问,并具有互操作性。DMA的规则非常严格且明确,同时只提供了极其狭窄的豁免可能,并具有极严厉的处罚:最高可达看门人年度全球收入的10%,如果多次触犯还可能会被拆分。根据欧洲议会目前对法案的修改意见,触犯后的处罚最低将是看门人全球年收入的4%,最高则达到20%。

综上,欧美国家都在探索新形势下反垄断的有效手段,特别是在数字经济反垄断领域,无论是立法还是执法上都在加强,思路多样,或者是通过显著提高处罚金额加强威慑,或者是要求数据公开透明以降低大型平台竞争优势,或者是扩大审查机构执法范围,事后审查改为事前审查。企业在涉及跨国业务的时候,必须事前做好相关法律规定的了解,防止触犯当地法律。

---

① See Cleary Gottlieb, *U. S. & EU Antitrust: Developments and Outlook in 2022*, https://www.clearygottlieb.com/news-and-insights/publication-listing/us-eu-antitrust-developments-and-outlook-in-2022 (last visited on 11 February 2022).

第二节　我国反垄断合规的新态势

▶ 一、我国对垄断行为的定义

我国《反垄断法》于2008年8月1日正式实施。从行为类型上看,受《反垄断法》规制的垄断行为主要包括垄断协议,滥用市场支配地位,具有或者可能具有排除、限制竞争效果的经营者集中。此外,还包括滥用行政权力排除、限制竞争的行为(行政垄断)。具体而言:

垄断协议,是指与具有竞争关系的经营者达成关于固定或者变更商品价格、限制商品的生产数量或者销售数量、分割销售市场或者原材料采购市场等内容的排除、限制竞争的协议、决定或者其他协同行为(横向垄断协议),以及与交易相对人达成关于固定向第三人转售商品的价格、限定向第三人转售商品的最低价格等内容的排除、限制竞争的协议、决定或者其他协同行为(纵向垄断协议)。

滥用市场支配地位,是指具有市场支配地位的经营者从事以不公平的高价销售商品或者以不公平的低价购买商品、没有正当理由以低于成本的价格销售商品、没有正当理由拒绝与交易相对人进行交易等内容的行为。其中,认定经营者具有市场支配地位,应当依据该经营者在相关市场的市场份额以及相关市场的竞争状况、控制销售市场或者原材料采购市场的能力、财力和技术条件等因素。

经营者集中审查,是指经营者集中(指经营者合并、取得其他经营者的控制权或者能够对其他经营者施加决定性影响的)达到国务院规定的申报标准的,经营者应当事先向国务院反垄断执法机构申报,未申报的不得实施集中。

行政垄断,是指行政机关和法律、法规授权的具有管理公共事务职能的组织不得滥用行政权力，限定或者变相限定单位或者个人经营、购买、使用其指定的经营者提供的商品，或妨碍商品在地区之间的自由流通等。

二、我国反垄断法规体系构成

随着改革开放以来社会主义市场经济的发展，我国也遇到了越来越多的不正当竞争问题，因此制定和实施反垄断相关法律法规成为完善我国社会主义市场经济法律制度、促进社会主义市场经济发展的急迫需求。1993 年，《中华人民共和国宪法修正案》正式确立了我国实行社会主义市场经济，当时尚未颁布反垄断法，只是在当年实施的《反不正当竞争法》中，确立了 5 个条文涉及反垄断相关内容。在接下来十几年的时间里，《反不正当竞争法》在我国司法实践中，发挥了部分反垄断法的作用。

加入世贸组织之后，我国在反垄断司法实践中遇到了很多原有法律法规体系难以解决的新问题。为满足社会主义市场经济健康发展的需要，我国在采纳国际通行的经济垄断行为三大支柱性制度框架，包括禁止垄断协议、禁止滥用市场支配地位和经营者集中审查的基础上，制定了《反垄断法》，并于 2008 年颁布实施。随着数字经济的快速发展，我国《反垄断法》也面临着取证和执法困难的情况。在《反垄断法》实施 13 年之后，2021 年，第十三届全国人大常委会第三十一次会议对《中华人民共和国反垄断法（修正草案）》（以下简称《反垄断法（修正草案）》）进行审试。《反垄断法（修正草案）》中立足当前国情，主要有以下 5 个特点：（1）大幅提高反垄断违法处罚标准，企业与个人违法成本均显著提升；（2）正式提出“安全港”制度；（3）建立经营者集中审查“停钟”制度；（4）突出互联网、金融等重点领域反垄断工作；（5）新增对垄断行为的公益诉讼制度。

从法律体系上来看，除《反垄断法》外，我国还先后制定了一系列相关的配套法规、规章和行业反垄断指南，进一步完善反垄断法律制度，例如《禁止垄断协议暂行规定》《禁止滥用市场支配地位行为暂行规定》《禁止滥用行政权力排除、限制竞争行为暂行规定》《经营者集中审查暂行规定》《国务院反垄断委员会关于汽车业的反垄断指南》《国务院反垄断委员会横向垄断协议案件宽大制度适用指南》《国务院反垄断委员会垄断案件经营者承诺指南》《国务院反垄断委员会关于知识产权领域的反垄断指南》《关于经营者集中申报的指导意见》等。

▶ 三、我国反垄断法的执法体系

2008年至今,我国反垄断法的执法体系进行了一系列变革。根据2008年国务院有关机构的"三定"方案,反垄断法执法工作分别由原国家工商总局、国家发展和改革委员会和商务部负责,实践中出现多部门执法,协调成本过高的问题。2018年,根据国务院机构改革方案,由国家市场监督管理总局承担反垄断法统一的执法工作。2021年11月18日,国家反垄断局正式挂牌成立。国家反垄断局的正式成立,是我国反垄断机构改革的又一变化,显示了国家对建设公平竞争的市场环境的鲜明立场,进一步健全完善了我国反垄断执法的体制机制,提升了反垄断执法工作的统一性、权威性。国家反垄断局下设部门,分管政策协调、垄断协议与滥用市场支配地位案件调查、经营者集中审查,按照反垄断法规则进行分工,有助于提高执法的专业性和执法效率。此外,机构大幅增加人员编制,充实了反垄断监管力量。

除反垄断局外,根据《反垄断法》的规定,国务院还专门设有反垄断委员会,办公室设在国家市场监督管理总局,承担国务院反垄断委员会日常工作。委员会负责组织、协调、指导反垄断工作,包括研究拟订有关竞争政策;组织调查、评估市场总体竞争状况,发布评估报告;制定、发布反垄断指南;协调反垄断行政执法工作等。委员会主任由国务委员担任,副主任由商务部、国家发展和改革委员会、国家市场监管总局等机构主要领导担任,从国家层面上统一协调指挥反垄断工作,凸显我国对反垄断执法工作的重视。

除公权力执法外,反垄断私人执行也是反垄断法律实施的重要支柱,受损害的当事人可以向法院提起反垄断诉讼。此外,因不服反垄断行政处罚决定、行政垄断行为等,当事人可以申请行政复议或提起行政诉讼以寻求救济。2008年,《反垄断法》施行以来,诸多备受瞩目的反垄断法诉讼案件不断出现,如2012年360诉腾讯垄断案、刘某某诉湖南华源实业、东风汽车、东风日产滥用市场支配地位纠纷案等。

聚焦互联网领域，反垄断诉讼，是企业维护自身利益的必备武器，其重要性日益突出。自2021年以来，互联网领域的反垄断诉讼持续升温，互联网头部企业间起诉滥用市场支配地位的案件吸引了众多眼球。例如，2021年2月，被称为互联网反垄断第一案的某短视频平台企业起诉某社交平台企业案件，其在被封禁三年后起诉要求后者解除封禁，引发舆论热议。

四、新时代下的反垄断态势

（一）大型数字平台垄断问题

长期以来，我国反垄断监管坚持"包容审慎"原则。随着移动互联网时代的兴起，宽松环境下的我国数字经济平台快速成长，诞生了一批具有世界竞争力的头部品牌。相关的反竞争问题也日益增多，数字经济平台为了快速发展，往往会使用"二选一"、差别待遇、大数据杀熟、扼杀式收购等不当行为，通过减少竞争对手来提高自己的竞争优势。由于以往对数字平台监管存在多头管理、取证困难的情况，这些行为往往不易发现，严重损害了消费者权益，破坏了市场竞争，妨碍了市场创新。

大型数字平台具有强大的技术、资本、数据聚集效应，通过掌控大量用户行为数据，可以更精确地了解和预测平台用户行为，并通过算法操纵不当获利。从某种意义上讲，大型数字平台相当于具有一定的类似于市场准入审查权和执法权的权力，从而超越了传统公司形式。

（二）立法与执法改革

随着全球数字经济反垄断热潮的兴起，面对当前数字领域的复杂态势，我国也将加强对数字经济领域的反垄断监管。党中央提出"数字经济事关国家发展大局"。面对百年未有之大变局，国家已经作出具有我国特色的顶层设计，并进行了相关体制建设。2020年，中央经济工作会议将"强化反垄断和防止资本无序扩张"确定为2021年八大重点任务之一。"十四五"规划和2035年远景目标纲要中“反垄断”多次出现,并提出“加大反垄断和反不正当竞争执法司法力度”。中央财经委员会强调促进公平竞争、反对垄断,防止资本无序扩张。伴随顶层设计,我国立法和执法机构也进行了相应的变革。

2021年2月7日,《国务院反垄断委员会关于平台经济领域的反垄断指南》(以下简称《平台指南》)正式发布。总体而言,《平台指南》是对《反垄断法》在互联网平台经济领域的适用和细化,表明了国家加强互联网平台经济领域反垄断执法的决心,并针对这一领域的反垄断执法提供了很多具体的考量因素。《平台指南》的重点内容包括:在经营者集中方面,明确了涉及境外投资者通过协议控制境内企业的投资形式,即VIE(Variable Interest Entity)架构的经营者集中属于经营者集中反垄断审查范围以及对“掐尖并购”的监管态度;在垄断协议方面,进一步明确了平台经济领域垄断协议的表现形式;在滥用市场支配地位方面,结合互联网平台经济的特点,对支配地位的认定、具体的滥用行为和正当理由作出更进一步的规定。

2021年6月29日,国家市场监督管理总局、国家发展和改革委员会、财政部、商务部、司法部会同有关部门修订了《公平竞争审查制度实施细则》,规定行政机关以及法律、法规授权的具有管理公共事务职能的组织,在制定市场准入和退出、产业发展、招商引资、招标投标、政府采购、经营行为规范、资质标准等涉及市场主体经济活动的规章、规范性文件、其他政策性文件以及“一事一议”形式的具体政策措施时,应当进行公平竞争审查,评估对市场竞争的影响,防止排除、限制市场竞争。

2021年10月23日,第十三届全国人大常委会第三十一次会议对《反垄断法(修正草案)》进行了审议。《反垄断法(修正草案)》的重点内容包括强化竞争政策的基础地位,健全公平竞争审查制度;强化数字经济领域反垄断;完善垄断协议制度;加大处罚力度,提升违法成本等。

2021年10月29日,国家市场监督管理总局组织起草了《互联网平台分类分级指南(征求意见稿)》《互联网平台落实主体责任指南(征求意见稿)》,向社会公开征求意见。两份征求意见稿旨在科学界定平台类别、合理划分平台等级,推动平台企业落实主体责任,促进平台经济健康发展,保障各类平台用户的权益。

2021年11月15日，国家市场监管总局发布《企业境外反垄断合规指引》（以下简称《境外合规指引》）。《境外合规指引》旨在鼓励企业培育公平竞争的合规文化，引导企业建立和加强境外反垄断合规管理制度，防范境外反垄断法律风险，保障企业持续健康发展。

2021年11月18日，国家市场监管总局发布了又一部针对具体领域的反垄断指南——《国务院反垄断委员会关于原料药领域的反垄断指南》（以下简称《原料药指南》）。旨在有效开展对原料药领域的反垄断监管，维护原料药领域市场竞争秩序，保护消费者利益和社会公共利益。同日，国家反垄断局正式挂牌成立。

此外，2021年全年，陕西省、浙江省、湖南省、上海市、北京市、天津市等多地区监管部门结合本地情况相继发布地方经营者反垄断合规指引，从多角度丰富和完善了经营者反垄断合规的内容，其中北京市、江苏省等地的反垄断合规指引/指南较典型。《北京市平台经济领域反垄断合规指引》创新性地采用非法条形式并引入场景案例，形式新颖，值得关注。这些指引/指南的实施，给经营者以明确、科学的规则指引，进一步提高了经营者反垄断合规意识。

（三）执法重点领域

随着立法和执法机构改革，我国反垄断执法进入新的阶段，2021年执法情况相比以往明显提升。“十三五”期间，我国查处市场垄断案件179件、罚没金额27.6亿元。[①] 而在2021年，仅针对互联网领域平台企业反垄断罚款已超过200亿元。[②]

2021年全年，市场监管总局公布了15起垄断协议案件。其中，13起横向垄断协议案件，涉及固定价格、分割市场、限制生产数量等；2起纵向垄断

① 参见《“十三五”时期全国查处各类市场垄断案件179件、罚没金额27.6亿元》，载新华网，http://www.xinhuanet.com/2021-03/18/c_1127228038.htm。

② 参见《2021年互联网反垄断罚款超200亿元》，载新浪财经网，https://finance.sina.com.cn/chanjing/cyxw/2021-12-22/doc-ikyamrmz0451449.shtml。

协议案件，涉及转售价格维持。

2021年全年，国家市场监督管理总局共审结经营者集中案件682件。其中，无条件批准案件677件，附条件批准案件4件，禁止案件1件。[①] 与2020年相比，2021年审结案件数量显著增长。国家市场监督管理总局审结并公布了95起未依法申报违法实施经营者集中案件，其中，1件罚款金额为15万元人民币（占比约1%），2件罚款金额为35万元人民币（占比约2%），6件罚款金额为30万元人民币（占比约6%），86件罚款金额达到顶格50万元人民币（占比约91%），平均处罚金额相较2020年有显著提升，显示了国家市场监督管理总局对未依法申报案件的处罚力度在法定范围内的加强。

2021年全年，全国各级市场监管部门共查处11起滥用市场支配地位案件。从反垄断处罚的行业分布来看，11起案件集中分布在平台经济、公共事业、原料药等行业，其中公共事业领域（燃气、供水）4件，原料药行业3件，平台经济领域3件，航空煤油销售行业1件。从具体违法垄断行为的类型来看，附加不合理的交易条件出现的频次最高，其中6起案件均有涉及；限定交易案件4起；以不公平高价销售案件3起；拒绝交易案件1起。[②]

在行政垄断处罚方面，2021年，我国各地的行政垄断执法案件近40件。行政权力滥用比较集中在县级政府层面，其中财政、教育、工信、住建等部门是较集中的领域。执法特点主要有：

1. 加强平台经济领域的反垄断调查

自2020年以来，国家市场监督管理总局持续加大在平台经济领域的反垄断执法。2021年，国家市场监督管理总局公布了三家平台企业实施"二选一"等涉嫌垄断行为调查结果，并对其中两家企业出具行政指导书，切实加强线上经济和规范社区团购秩序行政指导。行政指导书体现了行政指导的柔性特征，对企业合规有重要的借鉴意义。其中，国家市场监督管理总局针

---

① 参见蒋蕙匡、贾申、郭程：《大鹏一日同风起，扶摇直上九万里——中国反垄断2021年度盘点》，载中伦网，http://www.zhonglun.com/Content/2022/01-04/1636192154.html。

② 参见解石坡等：《2021年反垄断盘点（中）》，载汉坤律师事务所官网2022年1月7日，https://www.hankunlaw.com/newsAndInsights/lawDetail.html?id=2c91af087de51773017e574b7f7d017b。

对某网络零售平台服务提供商滥用市场支配地位实施“二选一”行为处以182.28亿元罚款。本案的罚款刷新了我国反垄断行政处罚纪录，截至2022年2月，仍位列我国反垄断罚款排行榜第一，世界反垄断罚款排行榜第三。

2. 平台经济领域和涉VIE结构交易引发未依法申报案件爆发式增长

2021年2月，国家市场监督管理总局在《平台指南》中明确了VIE架构的经营者集中属于反垄断审查的范围，体现了国家市场监督管理总局对平台经济领域和涉VIE结构交易的执法态度，从而引发了未依法申报处罚案件的爆发式增长。

3. 反垄断调查深入医药、能源等传统行业

2021年，在众多反垄断行政处罚案例中，医药、建材、石油化工等领域成为调查执法的重点领域。例如，扬子江药业因达成并实施纵向垄断协议行为被市场监管总局处以7.64亿元人民币罚款。该案处罚金额刷新了我国反垄断纵向垄断协议的行政处罚纪录。

4. 地方执法案件增多

2021年，在有关滥用市场支配地位的案件中，地方市场监管部门主办的案件占7%。在垄断协议行为处罚方面，天津市市场监督管理委员会对三家原料药企业垄断协议行为罚没款合计约5078万元人民币，江西省市场监督管理局对丰城市预拌混凝土协会及其8家会员企业垄断协议行为罚没款共计2.86亿元人民币，浙江省市场监督管理局对公牛集团垄断协议行为罚款2.9481亿元人民币。地方市场监管部门的执法构成了反垄断执法的重要组成部分。地方反垄断机关人员配备充足，并且更加熟悉当地的企业和市场环境，因此，其对于所在区域内垄断行为的监管更加直接有效。

第三节　企业反垄断合规具体方法

▶ 一、建立有效的反垄断合规体系

为规范企业经营行为,降低企业垄断违法和境外反垄断法律风险,保障企业持续健康有序发展,根据规模、所处行业、发展阶段和业务状况,企业应建立有效的反垄断合规管理体系。在本书第一章,已对合规工作共性的六个要素,即"识别合规风险、制定合规章程、形成合规组织、建立违规举报机制、合规培训、第三方管理"进行了系统的详细的介绍,在此不重复赘述。反垄断合规与反商业贿赂和大多数合规一样,都属于专项合规,如企业已有合规体系,可将反垄断合规工作并入现有的合规体系。有效的反垄断合规体系包括以下几个方面:

(一)制定完善的企业反垄断合规的制度和政策

1. 反垄断合规声明、高层承诺

反垄断合规声明、高层承诺,表明了企业整体的合规态度和高层的重视程度,是从公司最高级别的管理层发出的对合规重要性的理解、对合规的遵从,以及将为合规提供足够的资源配置。这类声明和承诺可以用于公司的官网以及对外宣传手册首页,体现企业的合规文化和价值观。例如,"我们承诺并要求集团的每个成员以及集团及其每个成员的所有部门和所有员工,遵守我们经营所在国家和地区的竞争法律法规和规范。我们对任何对市场竞争产生排除、限制影响的垄断行为零容忍"。

2. 反垄断合规红线

合规红线是底线规则,是企业及其员工在任何情况下都不可以触碰和违反的底线和纪律。合规红线应简明扼要,通俗易懂。

3. 反垄断合规手册或员工行为准则

反垄断合规手册或员工行为准则是企业合规的行动纲领，企业及其员工在日常经营活动中应遵守的一般性规则，反垄断的常见风险信号，即禁止性行为，让全体员工能够清晰地知晓哪些行为是存在反垄断风险的，在哪些情况下需要寻求合规部门的帮助。

4. 反垄断合规业务操作指南

反垄断合规业务操作指南是对具体业务领域的反垄断操作进行指引，描述了该业务领域或业务部门常见的风险点，识别该类风险的要件、管控要求和流程，触发的评估和审批程序。该操作指南需要与业务部门共同探讨、协商拟订，企业所在的行业、业务模式、经营特点不同，反垄断合规的风险点也有所不同，合规部门应充分结合业务的实际状况梳理合规风险点并将其嵌入具体的业务流程中，达到合规管控的目的。

5. 反垄断合规保障机制

企业可以根据自身情况，逐步建立健全对员工反垄断合规行为的考核制度、奖惩激励机制和违规举报机制，切实有效地为举报人的信息保密，不因举报人的举报行为而采取或导致他人采取对举报人不利的措施。同时，企业应加强合规管理信息化建设，通过数字化、信息化的手段优化合规管理流程，用流程管控、大数据、人工智能等工具，加强对经营管理行为合规情况的监控和分析。

6. 文件保管制度

企业应当制定明确的文件保管制度，考虑配合反垄断调查的需要，完善企业的归档流程，运用数字化的手段将存档文件的清单规则嵌入办公系统，并且定期检查文件存档工作。同时，公司应当在文件保管制度以及反垄断合规手册/员工行为准则中明确告知员工销毁文件和妨碍反垄断执法的后果，以及反垄断执法机构在进行反垄断调查期间，所有员工不得销毁、修改、转移、隐匿任何电子及纸质文档。

（二）建立完善的反垄断合规组织，确保合规制度和政策的贯彻落实

1. 专门的反垄断合规组织

企业可根据自身的规模和条件建立反垄断合规组织架构，具备条件的企

业可以设置专门的反垄断合规部门、反垄断合规官、派驻到各业务部门负责合规工作的合规专员。规模较小的企业也可以由法务、风控等部门负责反垄断合规事宜。将反垄断合规作为专项合规事宜,由专门人员及部门负责反垄断合规,配置足够的资源,有效地推动公司内部反垄断合规工作。

2. 反垄断合规管理部门的职责

反垄断合规管理部门具有以下职责:(1)持续关注国内以及与企业业务密切相关国家(地区)反垄断法的发展动态,研究并及时提供竞争合规建议;(2)制定企业内部竞争合规体系,明确经营者反垄断合规管理战略目标、规划以及合规管理要求和流程,推动其在各部门和各项业务领域中贯彻实施;(3)监督、审核、评估企业经营管理和业务行为的合规性,并制定应对措施(包括纠正不合规的经营行为和对违规行为进行惩处);(4)组织或协助业务部门、人事部门开展持续且定期的竞争合规教育培训,并向业务部门和员工提供竞争合规咨询;(5)建立竞争合规汇报和记录台账,对竞争合规举报制定调查方案并开展调查;(6)将竞争合规责任纳入企业岗位职责和员工绩效考核评价体系;(7)妥善应对反垄断风险事件,恰当控制、及时补救并配合反垄断执法机构的调查。①

(三)合规培训

1. 开展全员反垄断合规培训

企业面临的最大风险是员工不知道什么是风险,对风险点毫无感知,没有风险防范意识。通过对企业全体员工进行反垄断合规培训,讲解企业的合规组织架构、反垄断合规手册、员工行为准则,合规的常见风险点,一方面,将企业合规意识导入员工的思维中,提高员工的反垄断风险敏感度和风险识别能力;另一方面,使员工在识别风险后了解如何通过合规部门或反垄断合规工作人员,触发相应的流程和审批,有效提高企业整体的风险应对能力。

① 参见国务院反垄断委员会《经营者反垄断合规指南》、浙江省市场监管局《浙江省平台企业竞争合规指引》。

2. 反垄断合规专项分级培训

对企业的高级管理人员、高风险业务部门、应急预案小组成员进行有针对性的专项反垄断培训。对高级管理人员的合规培训，可以国家反垄断的宏观政策、执法趋势为侧重点，为高级管理人员在企业业务发展方向、经营模式创新、生态搭建策略等方面进行决策时提供指引。对于投资部、采购部、销售管理部等涉及企业投资并购、上下游合作、制定价格和销售政策等容易触及垄断行为的高风险部门，应定期组织针对反垄断合规重要风险点的培训和研讨会，重点防范常见风险。

（四）反垄断调查应急预案

《反垄断法》规定，反垄断执法机构调查涉嫌垄断行为时可以进入被调查的经营者的营业场所，询问被调查的经营者、利害关系人或者其他有关单位或个人，要求其说明情况，查阅、复制相关的单证、合同、会计账簿、函件、电子邮件、电子数据等文件和资料。执法机构可能临时对企业进行上门突袭搜查，企业法定代表人、高级管理人员、市场、采购、财务、法务及销售等部门人员都可能被要求接受询问。为避免因被执法机构临时现场检查而造成的管理混乱，导致企业无法进行日常的有序经营，企业应提前制定反垄断调查的应急预案，包括以下几个方面：

1. 接待方式。当执法机构调查人员抵达企业的办公场所时，前台行政人员应以友好的态度接待调查员，礼貌地请调查人员出示身份证明和执法证，并记录好其姓名和工作单位等关键信息，之后为调查人员提供一间安静、整洁、有足够空间的会议室。接待的同时，马上通知上级主管、法律顾问或合规官、公关部和 IT 信息部门的主管。

2. 专门的应对小组。公司高级管理者应迅速成立由法务合规部、财务部、证券部（如有）、市场部、公关部、IT 部、销售管理部、采购部主管参加的专门的应对小组，组织上述人员协调资源、配合调查。

3. 外部顾问资源。迅速通知外部反垄断律师、证券律师（如企业为上市公司）到场协助。

4. 积极配合调查，按法律规定提供相关文件和资料。

二、反垄断合规的主要风险点及典型案例

(一)垄断协议

垄断协议,是指排除、限制竞争的协议、决定或其他协同行为。法律禁止达成垄断协议,垄断协议直接限制了竞争,严重损害消费者的利益,是各国反垄断法都严厉禁止的垄断行为,是反垄断合规的重点。

1. 横向垄断协议

横向垄断协议,是指具有竞争关系的企业之间达成的垄断协议,包括固定或变更商品价格、限制商品生产或销售数量、分割市场、联合抵制交易以及反垄断执法机构认定的其他垄断协议。2020 年 9 月,天津市市场监督管理委员会依法对天津太平洋化学制药、天津天药等三家药业公司开展反垄断调查,发现:(1)天津太平洋化学制药和天津天药是国内仅有的两家能够生产醋酸氟轻松原料药的药品生产企业,另一家药业公司具有进口上述原料药的经销权,三家公司均在全国范围内销售上述药品,相关地域市场是中国市场,因此,三家公司具有竞争关系;(2)天津天药和天津太平洋化学制药公司在 2008～2013 年通过备忘录的方式约定原料药价格不得低于 9 万元,2016 年至 2019 年通过备忘录和协议方式控制和固定原料药价格,2018 年两家公司与深圳富海通医药对各自的原料药市场份额进行划分,并提高原料药价格。天津市市场监督管理委员会认为,上述三家具有竞争关系的经营者,以协议形式对醋酸氟轻松原料药销售市场进行划分,并变更、固定该原料药价格,排除限制该原料药销售领域的竞争,属于反垄断法规定的应禁止的垄断协议行为,据此作出没收违法所得并处以年销售额 3% 的罚款。[①] 这是经营者因订立横向垄断协议而违反反垄断法受到处罚的典型案例。

2. 纵向垄断协议

纵向垄断协议,是指上下游企业之间达成的垄断协议,包括向第三人转

---

① 参见行政处罚决定书,津市监垄处〔2021〕2 号。

售商品时采用固定价格、固定价格变动幅度、利润水平或折扣、手续费等其他费用。如生产商限制经销商的转售价格;限定向第三人转售商品的最低价格或限制最低价格或通过限定价格变动幅度、利润水平或折扣、手续费等其他费用限定向第三人转售商品的最低价格。

2021年9月,公牛集团在全国范围内通过制定含有固定产品转售价格、限定最低转售价格内容的《市场运营规范》《经销商管理规则》《线上市场管理规范》《承诺书》等文件,并通过发布价格政策,与经销商签订经销合同、承诺书等方式,实现对产品价格的管控,排除、限制市场竞争,损害了消费者利益,被反垄断执法机构处以我国境内上一年销售额3%的罚款,罚款金额超过2.9亿元。①

2021年4月,因为药品价格方面的垄断协议,国内医药生产龙头企业扬子江药业被罚款超过7.6亿元人民币。国家市场监督管理总局的行政处罚决定书显示,2015年至2019年,扬子江药业在全国通过签署合作协议、下发调价函、口头通知等方式,与药品批发商、零售药店等下游企业达成固定药品转售价格和限定药品最低转售价格的协议。该垄断行为显著提高了相关药品价格,损害了消费者利益和社会公共利益,排除、限制市场竞争,被处罚金额为上一年度销售额的1%以上、10%以下。据此,国家市场监督管理总局做出行政处罚,责令扬子江药业停止违法行为,并处以其2018年销售额3%的罚款,计7.64亿元人民币。②

3. 轴辐协议

《反垄断法》中规定了横向垄断协议和纵向垄断协议,并未提到轴辐协议。国务院颁布的《国务院反垄断委员会关于平台经济领域反垄断指南》第8条中,将轴辐协议单独列出并与横向垄断协议和纵向垄断协议并列。轴辐协议,是指具有竞争关系的平台内经营者借助与平台经营者之间的纵向关系,或者由平台经营者组织、协调,达成或实施具有横向垄断协议效果的协

① 参见浙市监案〔2021〕4号。

② 参见国市监处〔2021〕29号。

议。[①] 这类协议需要一个参与者做轴心,另一类参与者做轮圈,还要有中间的辐条协议做链接。平台企业本身又是一个市场,平台要与平台经营者接触,很可能会签署辐条功能的协议,虽然这些协议是分别与平台经营者签订的,但最终可能形成平台经营者某种经营行为的协同,造成"轴辐协议"的后果。[②] 判断是否构成轴辐协议的核心有三点:(1)存在整体性的非法计划或共同方案;(2)所有涉案方是否参与合谋;(3)所有的涉案方是否参与以上计划。例如,苹果公司上线电子书应用 iBook,当时亚马逊的电子书价格很低,苹果公司和出版商签署"代理 + 最惠国"协议,协议约定出版商可以自行对 iBook 上的电子书进行定价,苹果公司收取 30% 的费用,同时,出版商保证苹果公司享有与出版商合作的全部电子书零售商的最低价格待遇(最惠国待遇)。出版商根据上述条件与亚马逊重新商谈价格,最终亚马逊提高电子书和图书的价格,而苹果公司因拿到固定的 30% 费用,其收益也高于电子书市场的平均利润。

除涉及单独企业的垄断协议外,行业协会及会员也会因垄断协议而涉嫌违反《反垄断法》协议。2021 年 1 月,国家市场监督管理总局通报:近日,根据举报,依法对中国建筑玻璃与工业玻璃协会涉嫌组织部分玻璃企业达成垄断协议行为立案调查。随后,中国建筑玻璃与工业玻璃协会积极配合相关调查,并发表声明:"我会将立即停止、并在今后不再参与和组织会员企业开展任何违反《反垄断法》的价格协调、减产、限产等活动。"

(二)滥用市场支配地位

滥用市场支配地位,是纳入《反垄断法》监管的重要垄断行为。"经营者在相关市场内具有能够控制商品价格、数量或其他交易条件,或者能够阻碍、影响其他经营者进入相关市场能力的市场地位,则该经营者具有市场支配地

---

① 轴辐协议比较复杂抽象,是用古代的马车轮子的构造(轮子中心是车轴,边缘是轮圈,连接车轴和轮圈的是木条,木条就是辐条)来对这种垄断协议的方式进行形象的描述。

② 参见陈永伟:《轴辐协议的前世今生》,载微信公众号"经济观察报"2020 年 12 月 7 日,https://mp.weixin.qq.com/s/B8_OAVaEtsSnh6Z6VUWSYw。

位”。[①] 具有“市场支配地位”并不违法,但通过“滥用”这种地位来排除、限制竞争,就触犯了法律。“滥用”行为包括:以不公平的高价销售商品或低价购买商品;以低于成本的价格销售商品或拒绝交易;限定他人只能与其交易或只能与其指定的经营者交易;搭售和捆绑销售、附加不合理交易条件等。需要注意的是“返点销售”,企业在制定返点政策时是否公平?对所有客户是否一样?是否将客户与公司进行了锁定?返点销售是否有足够正当的理由?如果返点政策是以不允许客户与其他同类企业进行交易为前提,客观上导致客户与企业锁定的结果,或对客户实行有差别的返点,将被认定为具有垄断的风险。

如前文提及的阿里巴巴反垄断案。国家市场监督管理总局于2020年12月,对阿里巴巴展开反垄断调查。处罚决定书显示,2015年以来,阿里巴巴实施“二选一”行为,禁止平台内经营者在其他竞争性平台开店,限定其只能与阿里巴巴交易,并出台多种奖惩措施。该行为违反《反垄断法》第17条的规定,即没有正当理由,限定交易相对人只能与其进行交易。阿里巴巴滥用市场支配地位的行为,排除、限制相关市场竞争,损害了平台内经营者和消费者利益,阻碍了平台经济创新发展。国家市场监督管理总局作出责令其停止违法行为,并罚款182.28亿元(按其2019年度国内销售额的4%计算),这个数额刷新了我国反垄断案件的处罚纪录。2021年10月8日,外卖平台美团也因同样的违法行为被处以罚款34.42亿余元。国家市场监督管理总局调查认为,2018年以来,美团滥用其在我国境内网络餐饮外卖平台服务市场的支配地位,全面实施“二选一”行为,阻碍平台内经营者与其他竞争性平台合作,限定只能与其进行交易,排除、限制了网络餐饮外卖平台服务市场竞争。

(三)经营者集中

经营者集中,是指经营者之间的合并,或者经营者通过股权、资产、合同等方式获得对其他经营者的控制权,或者能够对其他经营者施加决定性影

① 《反垄断法》第17条。

响。根据《反垄断法》,达到国务院规定的申报标准的经营者集中应当事先向反垄断执法机构进行经营者集中申报,接受反垄断审查;对于具有或者可能具有排除、限制竞争效果的经营者集中,反垄断执法机构应当禁止。2021年11月18日,国家反垄断局正式挂牌,负责经营者集中的反垄断审查工作,并对违法实施经营者集中进行查处。国家反垄断局根据工作需要,可以委托省、自治区、直辖市市场监管部门实施经营者集中审查。

上述法律规定有两个层次,分别对应了两种合规风险点:

1. 经营者集中申报和审查

(1)经营者集中的范围:合并、通过股权、资产、合同等方式获得对其他经营者的控制权,或者能够对其他经营者施加决定性影响。这里容易被忽略和遗漏的是,新设合营企业若达到申报标准,应进行经营者集中申报。

(2)申报标准,国务院《关于经营者集中申报标准的规定》中规定:"经营者集中达到下列标准之一的,经营者应当事先向国务院反垄断执法机构申报,未申报的不得实施集中:(一)参与集中的所有经营者上一会计年度在全球范围内的营业额合计超过100亿元人民币,并且其中至少两个经营者上一会计年度在中国境内的营业额均超过4亿元人民币;(二)参与集中的所有经营者上一会计年度在中国境内的营业额合计超过20亿元人民币,并且其中至少两个经营者上一会计年度在中国境内的营业额均超过4亿元人民币。"

(3)涉及VIE架构的经营者集中也要申报和被审查。平台经济领域的经营者,涉及"VIE架构",若实施经营者集中的经营者营业额已达到上文规定的申报标准,应予以申报。自2020年年底以来,反垄断执法机构加大了对违法实施经营者集中的执法力度。2020年12月14日,国家市场监督管理总局依法对阿里巴巴投资收购银泰商业股权、阅文集团收购新丽传媒股权、丰巢网络收购中邮智递股权三起未依法申报违法实施经营者集中案作出行政处罚决定,对涉案企业各罚款50万元人民币。2021年3月,国家市场监督管理总局通报,依法对互联网领域10起违法实施经营者集中案作出行政处罚。

(4)经营者申报不以导致垄断为前提,申报是合规义务。只要交易属于《反垄断法》第20条规定的经营者集中,且交易额达到国务院规定的申报标准，经营者就应履行申报义务，是否构成垄断由反垄断执法机构审查和判断，申报是企业的合规义务。

（5）申报和审查程序，具体如图7－1所示：

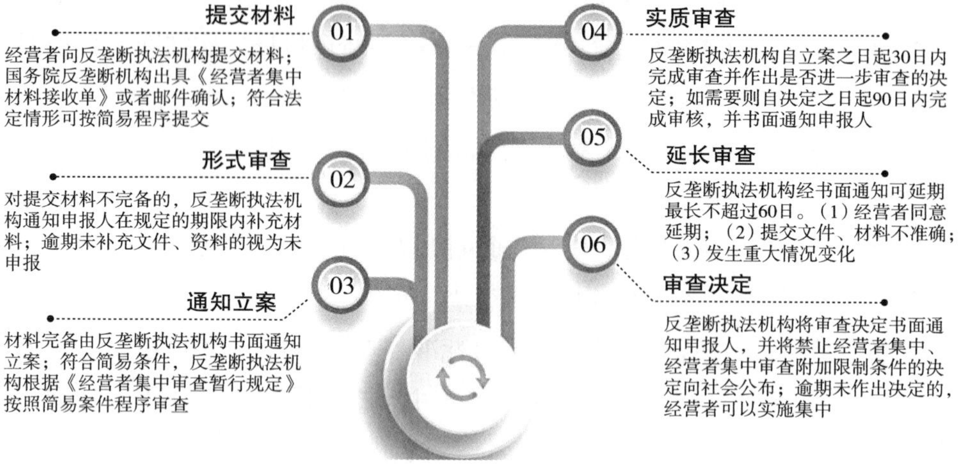

图7－1　经营者集中申报和审查程序

2.是否构成排除、限制竞争效果

对集中的审查包括具有竞争关系的经营者之间实施的集中行为，即减少横向竞争对手；处于统一产业链不同层级的企业或资产之间的整合，即纵向集中；或处于不同产业链的不同层级的企业或资产之间的整合，即混合集中。

2020年10月，腾讯拟通过虎牙收购已在纳斯达克上市的斗鱼全部股权，以此取得合并后实体的单独控制权。作为行业上游的游戏运营服务市场，排名第一的腾讯已占据市场份额超过40%，斗鱼占30%。国家市场监督管理总局经过审查认为，如果虎牙、斗鱼合并成功，腾讯在上下游市场均拥有较强控制力，“有能力在上下游市场形成闭环，排挤现有竞争对手，扼杀潜在竞争对手”，此项集中对国内游戏直播市场和网络游戏运营服务市场，具有或者可能具有排除、限制竞争效果，并据此作出禁止此项经营者集中的决定。

2021年1月，国家市场监督管理总局对腾讯控股有限公司于2016年7月收购中国音乐集团股权涉嫌违法实施经营者集中行为立案调查。该案相关市场为中国境内网络音乐播放平台市场。正版音乐版权是网络音乐播放平台运营的核心资产和关键性资源。2016年，腾讯和中国音乐集团在相关市场份额分别为30%和40%左右，腾讯通过与市场主要竞争对手合并，获得较高的市场份额，集中后实体占有的独家曲库资源超过80%。有能力促使上游版权方与其达成更多独家版权协议，或要求给予其优于竞争对手的交易条件，也有能力通过支付高额预付金等版权付费模式提高市场进入壁垒，对相关市场具有或者可能具有排除、限制竞争效果。国家市场监督管理总局依法作出行政处罚决定，责令腾讯及关联公司采取30日内解除独家音乐版权、停止高额预付金等版权费用支付方式、无正当理由不得要求上游版权方给予其优于竞争对手的条件等恢复市场竞争状态的措施。① 本案是我国《反垄断法》实施以来对违法实施经营者集中采取必要措施恢复市场竞争状态的第一起案件。

综上，反垄断合规工作是通过建立健全反垄断合规制度和政策，有效识别企业日常经营中的合规风险，并作好风险处置和监督，用制度和流程的管控，预防和降低企业反垄断合规风险，确保企业公平竞争、合法持续经营。

① 参见国家市场监督管理总局行政处罚决定书，国市监处〔2021〕67号。

第八章
数据合规要求企业如何做？

现如今,“大数据”“数字经济”已成为日常生活中司空见惯的词汇。尤其是随着数据从资源转化为资产乃至资本,成为与土地、劳动力、资本、技术并列的新的生产要素,围绕大数据、数字经济产生的行业正如火如荼地出现。“互联网”“5G”“人工智能”“新基建”这些时下流行的行业热词均与大数据、数字经济息息相关。即使是传统企业,也面临数字经济形势下的转型问题。海量的数据在产生巨大经济价值的同时,也不可避免地带来一定的负面作用,如对普通个人用户隐私权益的侵犯,重要数据转移、泄露等带来的企业安全、国家安全问题等。国内外一系列涉及大数据与数字经济形势下的数据监管法规不断涌现,各类监管执法活动层出不穷、执法金额屡创新高。

我国《“十四五”数字经济发展规划》指出,“十四五”时期,我国数字经济转向深化应用、规范发展、普惠共享的新阶段。要健全完善数字经济治理体系,即强化协同治理和监管机制,增强政府数字化治理能力,完善多元共治新格局。要着力强化数字经济安全体系,即增强网络安全防护能力,提升数据安全保障水平,切实有效防范各类风险。

就企业而言,需要在发挥数据经济价值、寻求数据经济效益最大化的同时,严格遵守数据类相关法规,以寻求企业利益和监管规则之间的平衡。本章将在大数据的时代背景下,对数据合规的基本问题进行阐释。

第一节　大数据时代的数据合规必要性

▶ 一、数据与大数据的定义

根据《数据安全法》的定义来看,数据,是指任何以电子或者其他方式对信息的记录。数据处理,包括数据的收集、存储、使用、加工、传输、提供、公开等。数据安全,是指通过采取必要措施,确保数据处于有效保护和合法利用的状态,以及具备保障持续安全状态的能力。从中我们也可以看出,具有可记录性是数据的明显特征,而数据处理和数据安全则是涉及数据的主要活动所在。《个人信息保护法》对个人信息的定义为:以电子或者其他方式记录的与已识别或者可识别的自然人有关的各种信息,不包括匿名化处理后的信息。个人信息的处理包括个人信息的收集、存储、使用、加工、传输、提供、公开、删除等。欧盟《通用数据保护条例》中对个人数据的定义为:与已识别或可识别的自然人(数据主体)有关的信息;可识别的自然人,是指可以直接地或者间接地特别是通过以下标识确定的,如名字、身份编号、位置数据、在线标识或自然人特定的一个或者多个物理、生理、遗传、心理、经济、文化或社会身份要素。美国《加州消费者隐私法案》将个人信息定义为,直接或者间接地识别、关系、描述、能够相关联或可合理地联结特定消费者或家庭的信息,包括但不限于以下内容:真实姓名、别名、邮政地址、社会安全号码、驾驶证号码、护照号码、商业信息、生物信息、电子网络活动信息、地理位置数据、音频、电子、视觉、热量、嗅觉或者类似信息、职业或就业相关信息等。我们可以看到,有关个人数据的法律表述,有“个人信息”或“个人数据”的不同方式。从其本身定义来看,个人信息,是指与个人有关的任何直接或者间接的信息;而当用个人数据来表述个人信息时,则指的是电子化后或者以其他方式可记录后的个人信息。因此,如果从本源出发对个人信息和个人数据进行区别,笔者倾向于个人信息是内核和本真,代表与个人有关的任何信息原来的样子;而个人数据是载体和表现形式,是以电子化或者其他形式记录个人信息并将其外化,使个人信息具有可记录性和可体现性。而从法律法规监管角度来说,只有可记录、可体现、可外化的个人信息才能够被法律所保护。因此,从法律规定以及实操中如何运用和保护个人信息或数据来看,我们可以把个人信息和个人数据等同。如前述《个人信息保护法》对"个人信息"的定义强调电子或其他方式记录,则此处的"个人信息"即等同于个人数据。

对于"大数据",目前业界尚未有统一公认的定义。研究机构高德纳(Gartner)给出的定义为:大数据,是指需要新处理模式才能具有更强的决策力、洞察发现力和流程优化能力的海量、高增长率和多样化的信息资产。[①]认识大数据,要把握"资源、技术、应用"三个层次。大数据是具有体量大、结构多样、时效强等特征的数据;处理大数据需采用新型计算架构和智能算法等新技术;大数据的应用强调以新的理念应用于辅助决策、发现新的知识,更强调在线闭环的业务流程优化。[②]

对比数据、个人数据和大数据相关定义可以看出,数据包括个人数据,个人数据是大数据的基础与核心,大数据是对数据的集成,着重体现数据的体量大、类别多、价值密度低、处理速度快等特点。由此,互联网行业、金融行业、生命大健康行业等均具有大数据的特征。在大数据时代背景下,数据便是企业的核心资产之一。

▶ 二、大数据时代数据合规监管的逻辑与意义

2016年,《中华人民共和国国民经济和社会发展第十三个五年规划纲要》提出"实施国家大数据战略"。2016年年底,工业和信息化部正式发布《大数据产业发展规划(2016—2020年)》。2022年1月,国务院印发《"十四

---

① See *Big Data*, Gatner, https://www.gartner.com/en/information-technology/glossary/big-data(last visited on Feb. 17, 2022).

② 参见工业和信息化部电信研究院:《大数据白皮书(2014)》,载中华人民共和国国家互联网信息办公室网, http://www.cac.gov.cn/2014-06/18/c_1111184441.htm。

五”数字经济发展规划》。我国已经进入大数据时代。随着互联网的迅速发展,大数据时代的数据运用越发广泛。通过数据进行个性化分析进而进行个性化推送、利用数据技术在短时间内爬取大量的信息、利用数据进行平台流量统计等行为层出不穷。当数据运用凸显出巨大的商业价值乃至经济价值时,其也就成了关系国计民生的重大事项。而在传统的监管手段已经无法跟上新形势、立法空白亟待补充和完善的背景下,对数据运用的监管也就自然到来了。

(一)大数据催生数字经济

社会的发展首先是经济的发展,而经济基础决定了一切上层建筑。不同社会时期,奠定经济基础的核心要素不同。在奴隶社会时期,食物是核心要素,谁打猎多,拥有的食物多,谁就掌握了社会经济基础。在农业社会时期,土地和劳动力是核心要素,拥有的土地越多,产生的经济价值越大;而拥有的劳动力越多,则拥有更多土地的可能性也更大。农业社会时期,一切管理与改革,在本质上都是围绕土地利益的分配而进行。在工业社会时期,劳动力、资本和技术成为核心要素。劳动密集型企业、资本型企业、高新技术企业在全球遍地开花,不同产业更是形成了全球化分工与协同。而随着互联网急速发展,海量数据不断产生,大数据价值逐步凸显,从而催生了数字经济。数据逐步成为与劳动力、资本、技术等具有同等地位的生产要素,并推动经济发生巨大变化,进而引起社会生态、企业发展、居民生活等方方面面的变化与发展。

2016 年 8 月,中国电子信息产业发展研究院发布《2016 中国大数据产业生态地图》,将大数据产业分为融合应用产业(在业务应用中产生大数据,并与行业资源相结合开展商业经营的企业)、基础支撑产业(提供直接运用于大数据处理的相关硬软件、解决企业方案及其他工具的企业)、数据服务产业(以大数据为核心资源,以大数据应用为主业开展商业经营的企业),并提出大数据技术将在采集端、分析端和应用端实现突破。[①] 存储、计算、分析、应用是大数据的基础价值所在。例如,抖音、微信等有过亿的用户,这些海量

---

① 参见中国电子信息产业发展研究院《2016 中国大数据产业生态地图》。

数据必然需要存储空间,服务器存储等相关行业便蓬勃发展起来;海量数据形成之后对其进行分析、运用、传输等,又会带动诸如人工智能、5G 等相关新领域的发展,更会催生一批数据分析与运用公司;而随着与人工智能、5G 技术等结合,大数据产业催生的数字经济又包括了 VR、区块链、元宇宙等新经济;对传统行业如通信、金融、生命健康等来说,同样可能拥有海量的数据,因而亦面临大数据形势下的数字化转型。而随着数字经济的到来发展,政府在数据管理方面亦需综合运用大数据,例如,疫情以来全民健康码、行程码等大数据的应用,背后直接带动了各类数据存储、计算、分析、应用等类型企业的发展,进一步推动数字经济向前大步跨越。

而随着数据由资源成为资产甚至是资本,数据的交易价值也不断呈现。2015 年,党的十八届五中全会首次明确提出"实施国家大数据战略"。同年 8 月,国务院印发《促进大数据发展行动纲要》明确提出,要"引导培育大数据交易市场,开展面向应用的数据交易市场试点,探索开展大数据衍生产品交易,鼓励产业链各环节市场主体进行数据交换和交易,促进数据资源流通,建立健全数据资源交易机制和定价机制,规范交易行为"等一系列健全市场发展机制的思路与举措。此后,贵阳大数据交易所、西咸新区大数据交易所、东湖大数据交易中心、华东江苏大数据交易中心、哈尔滨数据交易中心、上海数据交易中心等纷纷成立。

(二)数据运用关系企业安全

随着互联网的迅速发展,新的数字经济形势下无论是融合应用产业、基础支撑产业,还是数据服务产业,企业内部积累的数据量都越来越多,其重要性越来越不可忽视。无论是企业内部的业务经营数据,核心技术数据,有关供应商、客户的数据,还是收集的有关用户的数据等,均需要存储在一定的服务器里。这些数据一旦泄露,将会对企业自身的数据安全造成极大损害。既然数据的经济价值已被充分地认识和利用,那么相关违法犯罪行为出现的概率也会提高,企业的数据安全在如今面临更严峻的挑战。任何事情均有两面性,人工智能大数据技术的发展在促进企业迅速发展之时,也为犯罪分子窃取数据提供了更多的便利。数据运用涉及企业安全,不仅是企业内部的各种数据安全,也包括企业核心管理人员的数据安全。

对企业而言,大数据推动下的数字化发展是一把“双刃剑”。一方面,企业需要跟上数字化时代的步伐,不断推动数字化转型,积极利用大数据带来的各项利好条件创造更多收益;另一方面,企业也要防止大数据技术发展带来的数据安全威胁和漏洞。企业重要数据甚至企业核心管理人员的数据一旦泄露,会导致企业日常运营暂停,对一些大型知名公司来说还可能引发社会民众恐慌、公司股价下跌乃至国家监管机构处罚的后果。更有甚者,企业的经营都可能难以为继。因此,从企业自身来说,大数据的发展要求企业加强对自身数据安全、网络安全的重视,努力做好数据合规工作。

(三)数据运用关系公民权益

互联网的迅速崛起,使我们日常的消费行为由线下转移至线上。我们部分个人信息如姓名、电话号码、地址等,有时需要提供给互联网平台,我们的购物情况、购物喜好、爱看的视频和博客、行踪轨迹等信息都被一一记录在互联网平台上。例如,我们在某个购物网站上浏览一种商品后,该网站就会给我们推荐类似的产品;我们在短视频中看过某种题材的内容后,短视频平台就会优先给我们推荐类似的题材;我们在某个聊天软件中和朋友聊过某些产品后,该聊天软件中的广告就可能推送类似的产品。这一方面,可以给我们带来生活上的便利,更快地满足我们的需求,让我们可以在最短的时间里通过互联网平台挑选到我们喜爱的产品或服务;但另一方面,这也是我们让渡一些个人信息权益的结果。只有企业合理利用这些信息,我们的权益才能够得到有效保障。但实际上,公民个人信息被过度收集、过度使用,个人信息被贩卖后用于违法犯罪活动的情形也偶尔发生。

我国公安部2021年在打击侵犯公民个人信息犯罪这一类型活动中,一共破获侵犯公司个人信息案件9800余起,抓获犯罪嫌疑人1.7万余名。在公安部公布的2021年侵犯公民个人信息犯罪的十大典型案例中,既有犯罪嫌疑人何某利用为相关单位、企业建设信息系统之机,非法获取医疗、出行、快递等公民个人信息数十亿条,搭建对外提供非法查询服务的数据库,通过暗网发布广告招揽客户,出售谋取不法利益的案例;也有犯罪嫌疑人吴某成立多家健康咨询公司，通过网上购买、交换有保健品购买记录的老年人的信息200余万条，制定话术、夸大效果推销虚假保健品，骗取6万余名老年人1500余万元的案例。①

随着大数据技术的不断成熟，互联网公司能够利用大数据进行用户行为偏好的分析，完成对用户的画像，培养用户的依赖感，增强用户的黏性，利用算法对用户实施精准的广告投放。数据的资产价值乃至资本价值愈发呈现。如果不加以控制和监管，数据运用侵犯公民个人信息权利的情形将会更加频繁。而随着公民个人权利意识的觉醒，加强对数据运用的监管、保护公民个人的隐私权也成了各国的共识。

（四）数据运用关系国家安全

2021年我国国家安全部公布3起危害重要数据安全案例。案例一：某航空公司的多台重要服务器和网络设备被植入特种木马程序，部分乘客出行记录等敏感数据被窃取。案例二：某境外咨询调查公司以高额报酬聘请行业咨询专家，指使其广泛搜集、提供我国航运基础数据、特定船只载物信息等。案例三：某重要军事基地周边建有一可疑气象观测设备，采集精确位置信息和多类型气象数据并直接传送至境外。经深入调查确认，上述3个案例皆为国外间谍机构针对我国境内的敏感数据的非法获取，涉嫌危害中国国家安全。②

大数据推动经济社会创新发展，同时也带来国家安全威胁。大数据可以带来战略优势，提高态势感知能力，并在战争中被武器化以锁定对手。如果将大数据与指挥控制系统整合，信息主导权就会产生军事主导权，提供前所未有的全球态势感知规模。如果得到有效的分析和处理，大数据可以被用来超越对手的决策过程。大数据还提供了通过破坏数据集和运行敌方人工智能系统来挑战或拒止对手态势感知的能力。大数据使目标定位、监视和压制

---

① 参见《公安部公布2021年侵犯个人信息十大典型案例》，载中国长安网2022年1月8日，https://baijiahao.baidu.com/s?id=1721384000138280600&wfr=spider&for=pc。

② 参见《警惕！国家安全部公布三起危害重要数据安全案例》，载搜狐网2021年11月1日，https://www.sohu.com/a/498567496_121106842。

成为可能。从国家安全的角度来看,大数据环境为监视和定位提供了新的潜力。大数据推动信息对政治的影响与干预,其可以通过提供改善信息战的机制,以及影响、干预政治和公民话语,来危害个人和社会。这些能力的有效性由数据化推动,并通过使用被称为"微目标"的定向传播机制得以实现。大数据可以大幅加快影响和干预的过程,显著提升效果,使其能够大规模、快速地进行,而对于行动的意图或幕后操纵者的身份,却能很好地隐藏。①

如果从政府、企业和个人数据对国家安全的重要性来谈,大数据时代下数据运用关系国家安全可以从以下几个方面来理解:一是数字化的发展,各个政府部门亦有大量数字化的需求。一方面,需要相关数据企业为政府提供服务;另一方面,各个政府部门,尤其是对接居民日常业务办理的部门会存储大量涉及居民个人的信息。而涉及国家地理的部门如交通部门等都会使用大量数据,这些数据结合形成庞大的数据集,就变成了重要的涉及国家安全、社会稳定的数据。如果政府部门管理不好,出现数据泄露或者网络安全事故,就会造成严重的社会后果。二是企业收集、存储的大量数据亦可能影响国家安全。例如,出行公司等一方面,会收集大量用户的个人信息;另一方面,也会收集大量有关地理位置的数据,这些数据集合在一起便有很大的经济利益、战略意义。三是企业存储大量的公民个人信息,一旦企业滥用这些信息或者造成数据泄露,极有可能造成民众恐慌,影响社会稳定。还有一个需要考虑的重要内容是,有关一国的各类数据,无论是政府机构信息,还是地理信息、公民个人信息,一旦形成庞大的数据集且出境流入他国,同样可能给本国的国家安全带来威胁。

① 参见《澳大利亚智库发布〈大数据与国家安全〉报告》,载安全内参网2022年2月11日, https://www.secrss.com/articles/39136。

第二节　数据合规立法及监管态势

▶ 一、国际立法及监管态势

(一)国际立法发展

互联网快速发展带来的大数据和数据经济的崛起,很早就让监管机关认识到了对数据运用加以监管的重要性。网络安全合规、数据安全合规、个人信息保护合规等均是数据合规的核心内容,也是被各国监管机构屡屡提起的重点词汇。根据联合国贸易和发展会议(United Nations Conference on Trade and Development)的统计,在194个国家中,有137个国家制定了立法,以确保对数据和隐私的保护。制定数据保护相关法律的国家达71%,处于制定草案过程中的占9%,暂无相关立法的占15%,无相关数据的占5%。在通过数据和个人隐私立法方面,非洲和亚洲的程度不同,分别为61%和57%。最不发达国家通过数据和隐私立法所占比例仅为48%。①

1995年,欧盟通过了《关于保护个人享有的与个人数据处理有关的权利以及个人数据自由流动的指令》。从标题可以看出,该指令的目的是保护个人信息相关的基本权利,同时保证欧盟境内的个人数据在成员国之间自由流动。但随着互联网的迅速发展,大数据、人工智能等技术的运用突飞猛进,该指令已经无法满足新环境下的监管要求。2016年,欧盟发布《通用数据保护条例》以取代1995年的版本,并于2018年5月25日正式实行,处罚金额最高可达2000万欧元或者企业上一财年全球营业总额的4%,这也开创了数据

---

① 参见联合国贸易和发展会议官网,Dara Protection and Privacy Legislation Worldwide, https://unctad.org/page/data-protection-and-privacy-legislation-worldwide,2022年2月17日访问。

保护领域处罚标准的历史先河。正因如此,该条例在颁布以后便立即引起全球主要企业的关注和重视。而欧盟《通用数据保护条例》也推动了各国争相推进数据保护尤其是个人数据保护立法和修法的浪潮。《通用数据保护条例》通过后,欧盟先后发布各种补充条例,如发布《联盟机构个人数据处理保护条例》,对欧盟机构在处理个人数据时的职能和义务提出要求。欧盟在2002年制定了《授权与许可指令》等“电信一揽子方案”,并在2009年通过《更好规制指令》和《公民权利指令》,形成新的“电信一揽子方案”,新方案在个人数据保护方面强调了电信运营商数据侵犯强制通知义务及用户终端存储数据同意原则,要求网络运营商们为其消费者提供涉及个人隐私的消息。① 2019年6月27日,欧盟《网络安全法案》正式施行。根据该法案,无论何种类型的信息和通信技术(Information and Communications Technology, ICT)产品都需要进行认证,该认证从2021年6月起将取代各成员国独立的认证标准,且该认证在欧盟境内均有效。企业产品如要通过认证,则需要满足信息安全、访问控制、漏洞评估、用户活动监视、网络可恢复性、涉及安全性、程序的修补管理等方面的要求标准。② 而根据最新消息,欧盟将要推出数据法案,该法关注非个人数据的处理,适用于欧盟的互联网产品制造商、数字服务提供商和用户。该法案内容主要涉及共享数据、公共机构访问数据的条件、国际数据传输、云转换和互操作性等相关规定。③

美国《加利福尼亚州消费者隐私保护法》于2018年6月28日通过,2020年1月1日正式生效,可以算作美国境内影响力较大的首部关于个人隐私数据的立法。该法要求,只要和加利福尼亚州居民发生业务往来,就受到该法的管辖,所以,加利福尼亚州以外的美国企业、美国境内的外国企业、美国境外的外国企业都有需要遵守该法规定的可能。因此,虽然该法在美国境内只能算地方立法,但其影响力却不限于地方。该法也赋予消费者知情权、访问

---

① 参见门小军:《大数据时代欧盟数据安全政策概述》,载《信息安全与通信保密》2015年第6期。

② 参见欧盟法律网,https://eur-lex.europa.eu/eli/reg/2019/881/oj。

③ 参见《欧盟〈数据法案〉即将发布,带来哪些启示?》,载搜狐网2022年2月14日,http://news.sohu.com/a/522792490_121134737。

权、删除权、选择权、公平交易权和个人诉讼权。另外,该法仅管辖年营业额在2500万美元以上,或者以商业为目的,处理超过5万户用户数据的企业。而一旦发生用户隐私数据泄露并给用户带来损失的行为,按照单次违规行为2500美元、最高7500美元的标准进行行政罚款,而对消费者的民事赔偿金额则为每位用户100美元到750美元,或者以数据泄露造成的实际损失来计算赔偿金。《加利福尼亚州消费者隐私保护法》发布后,美国其他一些州也相继启动了数据保护相关立法,弗吉尼亚州的《消费者数据保护法案》已经在2021年3月签署成为正式的法律。而美国其他多数州也启动了有关消费者隐私方面的立法,部分立法已经提交地方议会进行了多次讨论。在美国联邦层面来说,目前尚没有一部正式发布的具有综合统一性的数据保护法规。但是执法方面则主要由联邦贸易委员会(Federal Trade Commission,FTC)以及联邦通信委员会(Federal Communications Commission,FCC)负责进行。FTC执法主要依据1914年通过的《联邦贸易委员会法》,该法主要从预防和查处不公平、欺诈行为等损害消费者权益的角度进行规制。FCC执法主要依据1934年通过的《通信法》。2016年12月,FCC公布《宽带和其他电信服务中用户隐私保护规则》,对宽带接入服务提供商提出了有关用户的数据和隐私保护的要求。当然,联邦层面的数据保护法律也在积极制定和提交之中,至2022年2月,国家安全和个人数据保护法提案、数据保护法提案等仍在等待议会的批准。2021年7月,由美国统一州法律专员会议委员会起草的美国《统一个人数据保护法》获得正式批准,并将在颁布后的180日内正式生效。该法案的目的在于调和各州有关个人数据保护的相关法律,使其保持一致性。2020年12月,美国国会众议院表决通过《外国公司问责法》,对外国公司在美上市提出了更严格的要求。2021年,美国证券交易委员会(Securities and Exchange Commission,SEC)正式发布了《外国公司问责法》的实施细则。根据法案要求,在美上市公司需要披露额外信息,其中包括提供符合SEC审计标准的审计报告。依据美国《萨班斯—奥克斯利法案》,上市公司必须在审计报告中提供“内部控制”内容,通常包括网络活动、账号活动、数据库活动、用户活动、系统登入活动以及信息接入的参数和条件等。值得关注的是,审计报告中必须包含公司在网络安全信息基础建设中的相关内容,其审计底稿中可能需要包括关键信息基础设施的详细参数。① 除以上法律外,联邦政府层面还颁布过针对医疗记录的《健康保险隐私及责任法》,针对金融领域的《金融隐私权法》,针对儿童的《儿童线上隐私保护法》,等等。

此外,其他一些国家也开始加强数据保护立法、修法,尤其是个人数据保护相关的立法和修法。2003 年 7 月,《日本个人信息保护法》得以制定,先后在 2009 年、2015 年、2016 年、2017 年、2018 年、2019 年、2020 年修订,最新的一次修订在 2020 年 6 月,修订后的法律将适用于外国主体。越南国会于 2018 年 6 月通过《网络安全法》,对保护国家安全和确保网络空间秩序活动以及有关机构、组织和个人的责任作出规定。2021 年越南公安部发布了《个人数据保护法(草案)》,并向公众征求意见。韩国于 2011 年 9 月颁布《个人信息保护法》,并在 2021 年 9 月启动对该法的修订。2021 年 10 月,韩国国会通过《数据产业振兴和利用促进基本法》,指导本国发展数据产业和数据经济。2012 年 10 月,新加坡《个人数据保护法》获得通过成为正式法律,2020 年 11 月该法案的修正案获得通过并于 2021 年 2 月正式生效,进一步强化了新加坡个人数据保护的力度。2019 年 8 月,澳大利亚参议院通过了《消费者数据权利法案》,规定数据用户有权将自己的数据共享给其他数据平台。2021 年 11 月,澳大利亚发布《消费者数据权利隐私评估》,以指导和帮助识别隐私风险。2018 年 8 月,巴西《通用数据保护法》获得了通过。南非《个人信息保护法》早在 2003 年就已经开始起草,最终在 2020 年 7 月正式生效。除此之外,俄罗斯、马来西亚、泰国、印度、尼日利亚、肯尼亚等国家的数据保护法律也已经生效或者发布草案。

(二)国际监管态势

从全球数据保护的执法情况来看,针对个人隐私、数据安全的执法越发严格。根据欧盟数据保护委员会 2021 年 8 月发布的统计数据来看,欧盟监

① 参见《企业数据合规白皮书(2021 年)》,载中国大数据产业观察网,https://view.inews.qq.com/a/20210922A077B100? startextras = 0_061371c5b6194&from = ampzkqw。

管机构分配到的资金、人力和执法案件均呈上升态势。[①] 欧华律师事务所发布的一份报告显示,2021 年,欧盟《通用数据保护条例》的罚款总额为 11 亿欧元,而在 2020 年,该罚款数据为 1.585 亿欧元。[②] 例如,2021 年欧盟罚款数额有代表性的案例之一为卢森堡数据保护委员会对亚马逊开出了 7.46 亿欧元的罚单,理由是该公司欧洲业务部门对个人数据的处理违反了欧盟《通用数据保护条例》,同时,监管机构要求亚马逊修改没有具体说明的某些商业惯例。[③] 另一典型案例为爱尔兰监管机构对通信应用程序 WhatsApp 开出了 2.25 亿欧元的罚单,自 2018 年 12 月起,爱尔兰数据保护工作人员就对 WhatsApp 在处理用户数据过程中的透明问题以及是否存在非法与第三方分享用户数据展开了调查。由于向英国咨询行业的剑桥分析公司(Cambridge Analytica)不正当地分享了数千万用户的个人信息,FTC 对 Facebook 展开了调查,2019 年 7 月,Facebook 最终同意向 FTC 支付 50 亿美元罚款以达成和解,而且,Facebook 同时承诺建立由独立的隐私保护委员会、合规官和第三方评估成员组成的多层次合规机构,以防止用户被欺骗、隐私被非法泄露的事件再次发生。[④]

根据 2021 年 7 月未来隐私论坛(Future of Privacy Forum,FPF)发布的《欧盟数据保护机构监管战略 2021—2022》的报告,欧盟各国监管机构及执法部门未来的优先事项包括:隐私设计、雇佣关系、健康与研究(主要涉及处理与健康有关的数据防治新冠肺炎)、中小企业、数据泄露、国际数据传输、人工智能/机器学习、未成年人隐私保护、Cookies 和在线跟踪、自我调节(涉

---

① 参见中国贸促会研究部:《数据隐私国家监管力度趋严》,载中国国际贸易促进委员会网, https://www.ccpit.org/a/20220104/2022010487xg.html。

② 参见《亚马逊、脸书"贡献"10 亿欧元,欧洲 2021 数据保护罚款创纪录》,载凤凰新闻 2022 年 1 月 18 日, https://ishare.ifeng.com/c/s/v002NlEFxovUUZLuauR5Jzke2KJJNTA-_mGmKooccxlxAYgA__。

③ 参见《亚马逊因违反欧盟数据保护条例被重罚 7.46 亿欧元》,载中国青年网 2021 年 7 月 31 日,https://baijiahao.baidu.com/s?id=1706764458104035723&wfr=spider&for=pc。

④ See Bleeping Computer, https://www.bleepingcomputer.com/news/technology/facebook-to-pay-over-5-billion-following-ftc-sec-settlements/.

及认证标准等)。[①] 根据《欧洲数据保护监管局战略计划(2020—2024)——塑造更安全的数字未来》,欧洲数据保护监管局希望成为欧盟机构的智能管理机构。战略重点在于,将技术维度的数据保护整合到业务实践,仔细研究技术进步带来的风险和机遇,探索新技术;同时鼓励将通过"设计"(data protection by design)和"默认"(data protection by default)的数据保护思想整合到创新实践中;继续发布有关新兴技术问题的报告,加强对特定技术"发展前沿"的理解,如匿名化、加密和网络安全;在部署数字技术时,对于不尊重个人数据保护、隐私权以及《欧盟基本权利宪章》所规定的其他权利和公民自由的行为,将警示欧盟机构和公众;在工具方面,将开发强大的技术和工具监督、审计和评估机制,对于数字生态系统中越来越"流行"的技术和工具,提供自动决策系统和人工智能处理个人数据的操作指南;支持欧盟境内的公共场所暂停使用生物识别技术;通过增强数据保护意识以及提供标准合同条款建议来加强数据控制者在欧盟机构数据处理者中的核心地位;以标准的数据保护条款为准则,审查以前向第三方国家转移的授权;通过演示和开发定制化的隐私治理工具和解决方案,继续为欧盟机构提供帮助,包括在需要进行数据保护影响评估(Data Protection Impact Assessment,DPIA)时提供建议;发布已收到的个人数据泄露信息,包括涉及的组织类型和受影响的人数;使用执行权力来确保欧盟机构网站和移动应用程序的合规性,尤其是在第三方跟踪方面;密切监视欧盟系统的"互操作性"建设工程,并在需要时与国家监管机构合作,特别关注个人数据的访问和处理,以确保有效监管;基于法院判例和学术研究,探索和解释隐私权和数据保护的本质概念。[②]

---

① 参见 CAICT 互联网法律研究中心:《洞察数据保护执法的未来:2021 ~ 2022 数据保护机构的监管策略》,载安全内参网 2021 年 9 月 22 日, https://www.secrss.com/articles/34527。

② See *Shapping a Safer Future: The EDPS Strategy 2020 – 2024*, EDPS, https://edps.europa.eu/edps-strategy – 2020 – 2024/.

▶ 二、我国立法及监管态势

（一）我国立法发展

我国有关数据的立法可以说是动作快、数量多，体系逐渐完备。从国家层面的法律到部委规章、行业协会规定、地方性法规，各种规定如雨后春笋一般涌现，缔造了国内数据保护合规领域如火如荼之势，更奠定了我国网络安全、数据安全、个人信息权利保护的制度基础，为数据合规工作的开展指明了方向。

从国家层面立法来说，《网络安全法》《数据安全法》《个人信息保护法》构成了我国数据保护领域的“三驾马车”。在这 3 部法律中，《网络安全法》于 2017 年 6 月首先生效。该法共计 7 章 79 条，以保障网络安全，维护网络空间主权和国家安全、社会公共利益，保护公民、法人和其他组织的合法权益，促进经济社会信息化健康发展为目的。该法规定国家网信部门负责统筹协调网络安全工作和相关监督管理工作。国务院电信主管部门、公安部门和其他有关机关依照该法和有关法律、行政法规的规定，在各自职责范围内负责网络安全保护和监督管理工作。该法重点要求有：网络产品、服务具有收集用户信息功能的，需要向用户明示并获得同意，且不得非法出售用户信息；网络运营者提供网络服务需要用户提供真实身份信息，即我们通常所说的网络实名制；而对关键信息基础设施运营者则提出了设置专门机构和负责人员、培训、数据备份、安全事件应急预案及演练、数据安全协议签订、重要数据及个人信息境内存储、数据安全年度评估等。该法同样公布了违法的后果，如罚款、警告责令改正、吊销营业执照、执业限制、行政拘留等。

《数据安全法》于 2021 年 6 月 10 日通过，自 2021 年 9 月 1 日起施行。共 7 章 55 条。该法的立法目的为规范数据处理活动，保障数据安全，促进数据开发利用，保护个人、组织的合法权益，维护国家主权、安全和发展利益。该法规定中央国家安全领导机构负责国家数据安全工作的决策和议事协调，研究制定、指导实施国家数据安全战略和有关重大方针政策，统筹协调国家数据安全的重大事项和重要工作,建立国家数据安全工作协调机制。各地区、各部门对本地区、本部门工作中收集和产生的数据及数据安全负责。工业、电信、交通、金融、自然资源、卫生健康、教育、科技等主管部门承担本行业、本领域数据安全监管职责。公安机关、国家安全机关等依照该法和有关法律、行政法规的规定,在各自职责范围内承担数据安全监管职责。国家网信部门依照该法和有关法律、行政法规的规定,负责统筹协调网络数据安全和相关监管工作。在我国境内开展数据处理活动及其安全监管,适用该法。该法重点要求有:国家建立数据分类分级保护制度,根据数据在经济社会发展中的重要程度,以及一旦遭到篡改、破坏、泄露或者非法获取、非法利用,对国家安全、公共利益或者个人、组织合法权益造成的危害程度,对数据实行分类分级保护。国家建立数据安全审查制度,对影响或者可能影响国家安全的数据处理活动进行国家安全审查。开展数据处理活动应该建立健全全流程数据安全管理制度,组织开展数据安全教育培训,采取相应的技术措施和其他必要措施,保障数据安全。利用互联网等信息网络开展数据处理活动,应当在网络安全等级保护制度的基础上,履行上述数据安全保护义务。开展数据处理活动应当加强风险监测,发现数据安全缺陷、漏洞等风险时,应当立即采取补救措施;发生数据安全事件时,应当立即采取处置措施,按照规定及时告知用户并向有关主管部门报告。重要数据的处理者应当按照规定对其数据处理活动定期开展风险评估,并向有关主管部门报送风险评估报告。风险评估报告应当包括处理的重要数据的种类、数量,开展数据处理活动的情况,面临的数据安全风险及其应对措施等。关键信息基础设施的运营者在我国境内运营中收集和产生的重要数据的出境安全管理,适用我国《网络安全法》的规定;其他数据处理者在我国境内运营中收集和产生的重要数据的出境安全管理办法,由国家网信部门会同国务院有关部门制定。该法同样公布了违法的后果,如罚款、警告责令改正、吊销营业执照、治安处罚、追究刑事责任等。

《个人信息保护法》于2021年8月20日通过,自2021年11月1日起施行,共计8章74条。该法的实施目的为保护个人信息权益,规范个人信息处理活动,促进个人信息合理利用。该法规定国家网信部门负责统筹协调个人信息保护工作和相关监督管理工作。国务院有关部门依照该法和有关法律、行政法规的规定,在各自职责范围内负责个人信息保护和监督管理工作。县级以上地方人民政府有关部门的个人信息保护和监督管理职责,按照国家有关规定确定。该法适用范围为:以向境内自然人提供产品或者服务为目的,或分析、评估境内自然人的行为以及其他法律、行政法规规定的其他情形。该法的主要要求为:处理个人信息应遵循合法、正当、必要、诚信、公开、透明原则,并具有明确目的。处理个人信息必须满足特定条件,例如,取得个人同意,为履行合同之必须或组织内部满足人力资源管理之必需,履行法定义务所必需,应对突发公共卫生事件,为公共利益而进行新闻报道、舆论监督等。个人信息保存期限最短化;通过自动化决策方式向个人进行信息推送、商业营销,应当同时提供不针对其个人特征的选项,或者向个人提供便捷的拒绝方式。在公共场所安装图像采集、个人身份识别设备,应当为维护公共安全所必需,遵守国家有关规定,并设置显著的提示标识。所收集的个人图像、身份识别信息只能用于维护公共安全的目的,不得用于其他目的;取得个人单独同意的除外。处理敏感个人信息应当取得个人的单独同意。处理不满14周岁未成年人个人信息的,应当取得未成年人的父母或者其他监护人的同意。关于数据跨境,关键信息基础设施运营者和处理个人信息达到国家网信部门规定数量的个人信息处理者,应当将在我国境内收集和产生的个人信息在境内储存,确需向境外提供的,应当通过国家网信部门组织的安全评估。其他个人信息处理者确需向境外提供个人信息的,应该通过国家网信部门组织的安全评估,或者按照国家网信部门的规定经专业机构进行个人信息保护认证,或者按照国家网信部门制定的标准合同与境外接收方订立合同,约定双方的权利和义务等。个人信息处理者应该制定内部管理制度和操作规程,对个人信息实行分类管理,采取相应的加密、去标识化等安全技术措施,合理确定个人信息处理的操作权限,并定期对从业人员进行安全教育和培训,制定并组织实施个人信息安全事件应急预案;定期进行合规审计;若从事处理敏感个人信息,利用个人信息进行自动化决策,委托处理个人信息、向其他个人信息处理者提供或者公开个人信息,向境外提供个人信息等行为则应该事前进行个人信息保护影响评估。该法同样公布了违法的后果,如罚款、警告责令改正、吊销营业执照、记入信用档案、提起诉讼、治安处罚、追究刑事责任等。

在上述3部法律均规定国家网信部门都是重要的协调和监督部门。为进一步细化落实上述法律中的相关要求,国家互联网信息办公室于2021年7月30日正式发布《关键信息基础设施安全保护条例》,并于9月1日正式实施。该条例在《网络安全法》确立的制度框架下,细化相关制度措施,同时处理好与相关法律、行政法规的关系,①如明确关键信息基础设施认定的部门,各监管机构的分工职责等。2021年11月16日,国家互联网信息办公室通过了《网络安全审查办法》并于2022年2月15日正式实施。该办法对《网络安全法》《数据安全法》的部分规定进行了细化,确立了国家网络安全审查工作机制,明确掌握超过100万用户个人信息的网络平台运营者赴国外上市,必须向网络安全审查办公室申报网络安全审查。2021年10月29日,国家互联网信息办公室发布《数据出境安全评估办法(征求意见稿)》,对《网络安全法》《数据安全法》《个人信息保护法》中关于数据出境的要求作了细化规定。例如,确定数据出境申报应当通过所在地省级网信部门向国家网信部门申报、需要开展数据出境申报评估的情形、数据出境应该进行风险自评估以及自评估的内容、数据出境应该向网信部门提交的材料内容等。2021年11月14日,国家互联网信息办公室公布《网络数据安全管理条例(征求意见稿)》。该意见稿要求,数据处理者赴我国香港特别行政区上市,影响或者可能影响国家安全的,应当按照国家有关规定,申报网络安全审查;大型互联网平台运营者在境外设立总部或者运营中心、研发中心的,应当向国家网信部门和主管部门报告。

除了通用型和一般性的法规、规定外,针对各行业的数据监管要求也迅速落地。工业和信息化部于2021年9月30日发布了《工业和信息化领域数据安全管理办法(试行)(征求意见稿)》,公开向社会征求意见,2022年2月10日,在对前述征求意见稿进行修订的基础上,再次进行二次社会意见征求。该试行办法详细规定了工业、电信数据的分级分类办法,重要数据、核心

① 参见《四部门负责人就〈关键信息基础设施安全保护条例〉答记者问》,载中华人民共和国工业和信息化部网2021年8月18日,https://www.miit.gov.cn/zwgk/zcjd/art/2021/art_93d739929bb94f5bba08ac7e1d4a7bc2.html。

数据的识别条件等。国家互联网信息办公室于2021年8月16日公布了经国家发展和改革委员会、工业和信息化部、公安部、交通运输部同意的《汽车数据安全管理若干规定(试行)》,该规定自2021年10月1日起施行。该规定对汽车领域的数据、个人信息、敏感个人信息、重要数据进行了定义,并对汽车领域的重要数据处理、数据出境等作了详细规定。中国人民银行于2021年9月27日正式公布《征信业务管理办法》,该办法自2022年1月1日起施行。该办法对征信业务、信用信息等进行了定义,对信用信息采集的原则,采集过程中的要求、加工、使用等作了详细规定。要求征信机构提供评价类产品和服务时应当建立评价标准,且在提供前应该履行必要的内部测试和评估验证程序。在人脸识别技术方面,最高人民法院于2021年7月28日发布《最高人民法院关于审理使用人脸识别技术处理个人信息相关民事案件适用法律若干问题的规定》,于8月1日正式施行。该规定从人格权、侵权责任以及合同角度,对使用人脸识别技术来处理个人信息行为涉及的个人信息保护问题进行了规定。在自动化决策方面,国家互联网信息办公室、工业和信息化部、公安部、国家市场监督管理总局于2021年12月31日联合发布《互联网信息服务算法推荐管理规定》,旨在规范互联网信息服务算法推荐活动,维护国家安全和社会公共利益,保护公民、法人和其他组织的合法权益,促进互联网信息服务健康发展。该规定于2022年3月1日正式施行。对算法推荐服务提供者加强管理提出了“一揽子”要求。同时,该规定要求具有舆论属性或者社会动员能力的算法推荐服务提供者应当进行备案,按照国家有关规定进行安全评估。

根据《数据安全法》的规定,各地区、各部门对本地区、本部门工作中收集和产生的数据及数据安全负责。目前,地方性立法也在积极推进中。2021年6月29日,深圳市人大常委会通过《深圳经济特区数据条例》,并于2022年1月1日正式实施。该条例是我国第一部有关数据的地方性法规,主要涵盖个人数据保护、公共数据共享开放、数据要素市场培育和数据安全四个方面。2021年10月,广东省政府发布《广东省公共数据管理办法》,并于2021年11月25日正式实施。该办法是广东省首次对全省政务数据管理工作进行系统性、统筹性的全面规范。2022年2月7日,广东省政务服务数据管理局发布《广东省公共数据安全管理办法(征求意见稿)》,以加强广东省数字政府公共数据安全管理,规范公共数据处理活动,促进数据资源有序开发利用,保护个人、组织的合法权益,维护国家主权、安全和发展利益。2021年11月25日,上海市人大常委会通过《上海市数据条例》,并于2022年1月1日正式实施。该条例明确提出构建数据交易所和国际数据港。《山东省大数据发展促进条例》在2021年9月30日由山东省人大常委会通过,自2022年1月1日起实施。该条例将数据资源划分为公共数据和非公共数据,明确公共数据和非公共数据的范围,强化大数据运用和数据跨境审查。《山东省公共数据开放办法》已经于2022年1月31日由山东省人民政府公布,自2022年4月1日实施。该办法明确了公共数据的适用范围,并在加强数据安全保护等方面作出新规定,要求公共数据提供单位建立本单位公共数据安全保护制度,落实有关公共数据安全的法律、法规和国家标准以及网络安全等级保护制度,采取相应的技术措施和其他必要措施,保障公共数据安全。

(二)我国监管态势

从上述国内立法情况来看,监管层面不断推出有关数据相关的法律法规。因此,在数据监管领域来说,监管不断趋严,且朝着体系化、规范化、更加细化的方向发展。而结合国内各项监管立法的内容规定和监管机构执法情况来看,又有一些优先事项体现出来。

一是关于app与软件开发工具包(Software Development Kit,SDK)的治理。随着互联网尤其是移动互联网的迅速发展,大数据技术的不断进步,企业盈利模式从在线广告向基于大数据的定向推送、精准营销转变,用户个人信息成为企业获利的核心价值来源。截至2021年11月,app专项整治活动共开展21批,5406款app接到整改通知,2049款整改不到位的app被公开通报,540款仍然存在问题的app被下架。其中,违规收集个人信息,强制频繁过渡、索取权限,违规使用个人信息和定向推送问题最突出。[①] 2021年,中国

① 参见中国信息通信研究院:《移动互联网应用程序(APP)个人信息保护治理白皮书》,载中国大数据产业观察网,https://view.inews.qq.com/a/20211121A03Q3G00。

信息通信研究院安全研究所大数据应用与安全创新实验室发起了“SDK 安全专项行动”。① 截至 2022 年 2 月，专项活动已经完成 3 期，并已经启动第四期评测活动。

二是数据出境与国家数据安全维护。2021 年，国家网络安全审查办公室先后对互联网出行企业“滴滴”、从事物联网物流的“运满满”“货车帮”、从事互联网招聘的“BOSS 直聘”展开了网络安全审查，并在调查期间停止了相关企业旗下 app 新用户的注册。

三是企业上市的数据合规问题。2019 年 10 月 11 日，“墨迹科技”首次公开募股上会被否，中国证监会要求“墨迹天气”说明“获取用户数据及标签的过程及方法，是否对用户有明示提示，用户授权在法律上是否完备，是否明确告知收集信息的范围及使用用途”，以及说明对数据安全和个人隐私的保护措施与手段等涉及个人信息和数据安全的合规问题。② 2021 年，“旷世科技”“云从科技”“合合信息”等提交过上市注册或已经上市的企业或已经终止上市的企业，也遇到了中国证监会的问询。相关问询问题主要涉及数据收集是否满足《个人信息保护法》《数据安全法》中规定的原则，如合法性、必要性、最小化等。③

四是公安、法院等机关在数据合规方面的执法、司法情况。2021 年，全国公安机关通过“净网 2021”专项行动，针对突出网络违法犯罪和网络乱象，共侦办案件 6.2 万起，抓获犯罪嫌疑人 10.3 万名，行政处罚违法互联网企业、单位 2.7 万余家。公安机关侦办侵犯公民个人信息、黑客等重点案件 1.8 万余起，查处非法侵入计算机信息系统、非法获取系统数据人员 3000 余名，

① 参见《中国信通院“SDK 安全专项行动”四期评测启动》，载搜狐网 2022 年 2 月 12 日，https://www.sohu.com/a/522289069_121124361。

② 参见《墨迹科技 IPO 被否，证监会提出 4 方面问题》，载搜狐网 2019 年 10 月 12 日，https://www.sohu.com/a/346498182_744278。

③ 参见《数字经济时代科技企业上市数据合规指南——基于 2021 年度最新（申报）上市案例的分析》，载搜狐网 2022 年 1 月 17 日，https://www.sohu.com/a/517255586_121123759。

抓获行业内部人员 680 余名。① 在 2021 年 7 月 28 日最高人民法院举行新闻发布会上,最高人民法院副院长杨万明介绍,2017 年 6 月至 2021 年 6 月,全国法院新收侵犯公民个人信息刑事案件 10,059 件,审结 9743 件,生效判决人数 21,726 人,对 3803 名被告人判处 3 年以上有期徒刑,比例达 17.50%。从民事审判工作来看,原《中华人民共和国侵权责任法》自 2010 年 7 月 1 日实施以来至 2020 年 12 月 31 日,人格权纠纷案件共 1,144,628 件。2016 年 1 月至 2020 年 12 月,隐私权纠纷案件共 1678 件。《中华人民共和国民法典》施行后,截至 2021 年 6 月 30 日,各级人民法院正式以个人信息保护纠纷案由立案的一审案件 192 件,审结 103 件。“人脸识别第一案”也于 2021 年 4 月 9 日迎来二审宣判,依法保护自然人人脸信息等生物识别信息。②

随着 2021 年我国数据保护领域三大总体性法律落地并对网络安全、数据安全、个人信息保护从国家法律层面提出要求,在 2021 年各项细化落地举措出台的基础上,更多细化举措将会在 2022 年落地,部委规章、行业规范、地方性立法会相继发布。时代的发展会推动大数据技术逐步成熟、数字经济效果不断呈现,合规监管压力也会因此逐步加大。因此,客观形势决定了 app 治理、数据跨境、企业上市合规、公民信息保护方面的执法仍然会呈高压态势。未来,随着立法的不断完善和细化、执法力量的扩大及执法经验的积累、公民数据隐私权利意识的不断觉醒、企业数据合规工作的不断深入,可以预见的是,未来合规监管将朝着更加精细化的方向发展,而执法最终也将在关注企业具体落地举措的同时,关注企业合规体系建设情况及运行的有效性。而涉及公民信息保护相关的公益诉讼、民事诉讼也将呈现逐步增多之势。

---

① 参见《图表:2021 年公安机关侦办侵犯公民个人信息等网络犯罪案件 6.2 万起》,载中华人民共和国中央人民政府网,http://www.gov.cn/xinwen/2022-01/06/content_5666643.htm。

② 参见《最高法:四年来新收侵犯公民个人信息刑事案件上万件　近两成被告人判刑三年以上》,载网易首页网 2021 年 7 月 28 日,https://www.163.com/dy/article/GG0954PL05199NPP.html。

第三节　企业数据合规具体方法

大数据发展催生出的数字经济已经成为以数据资源为关键要素的新经济形态,新经济形态发展下的国内外数据立法及执法也将不断细化和强化,这使企业在新经济形态下的数据合规建设工作成为常态,也必将不断深化。企业的数据合规建设既要从微观着手,解决企业发展过程中各业务模块遇到的具体数据合规问题;又要从宏观着手,从企业战略高度构建有效运营的数据合规体系。对于全球化运营的企业来说,还需要考虑全球化规则统一与本地化规则特定适用的问题。

▶ 一、数据合规体系建设标准

《网络安全法》《数据安全法》《个人信息保护法》中对企业均从法律的角度提出了合规建设要求,如确定数据相关合规责任部门和责任人员、各项管控制度、风险评估、应急响应、数据合规培训、数据分类分级、重要数据出境安全评估等。上海首个《企业数据合规指引》亦从合规责任人、数据合规管理部门、数据合规计划、数据风险识别、数据风险评估与处置、数据合规运行与保障等方面为企业开展数据合规工作提供了指引。其实,企业的数据合规体系建设属于企业整体合规体系建设的一部分,其适用的方法论同样隶属于企业整体合规体系建设的一部分,因此,《合规管理体系要求及使用指南》、国家发改委、外汇局等7部门联合发布的《企业境外经营合规管理指引》等制度文件都为企业如何构建有效合规体系指明了方向。本书第一章也对企业合规建设提出了“六要素”的方法论。当然,不同的指南体现的要素不一样,有些为“九要素”,有些为“八要素”。这些指南提炼出来的核心原则和内容往往是众多国际型企业有效性合规建设的经验和总结,更代表了国际或当地监管机构对合规体系构建的标准认知,对于数据合规体系建设具有非常重要的方法论指导意义。笔者通过研究不同合规体系搭建、整合的经验发现,所有合规领域在体系构建的本质上其实是一样的,尽管要素的数量和表述方式不同,但其背后都是为了解决内部合规的有效性及可执行性,以及如何获得外部监管机关的认可。上述数据合规建设的要求转化成企业内部的语言,就是要在组织、制度、流程、合规工具、合规文化等角度构建适应公司发展的合规体系,形成"有规可依、有规必依、知规守规,违规必究"的循环理念和机制,推动数据合规体系有效运转和发挥作用,保证企业内部严格执行、外部监管有效认可。

二、数据合规体系建设的重点内容

(一)统筹三大数据合规建设,奠定数据合规工作基础

无论是国家层面的《网络安全法》《数据安全法》《个人信息保护法》,还是各部委、各行业协会、各地方性机构颁布的有关数据合规管理的法律法规、行业规范或者合规指南,其核心均是以数据为基础。只不过数据根据不同的特点又分为不同类别,如企业一般业务数据、个人数据、敏感数据等。根据安全程度的不同又可以分为不同的级别。站在企业角度,企业是一个整体,在建立数据安全合规体系时,需要站在企业整体高度将《网络安全法》《数据安全法》《个人信息保护法》三者结合起来,统一将业务流程当中产生的数据进行梳理,做好标签分类,区别不同类型的数据应该遵循个人信息保护有关的要求及数据安全和网络安全相关法律法规的要求。这能够为各种类型的数据在公司内外部后续的流转管理打下坚实基础,相当于在公司内部做了数据资产的基础梳理和盘点,为后续的风险评估、制度建设和流程管控工作创造通畅的环境,对确定后续数据在内部处理、加密、流转、使用等时对应的业务流程、责任部门、岗位等都有重要意义。而对历史数据的梳理、盘点和标签化则同样对数据收集方面的合规工作提供较大指导。例如,通过对历史数据的盘点整理,可以明确个人数据收集行为主要来自公司哪些业务部门,收集了

哪些信息等。这可以帮助公司主导数据合规工作的部门快速抓住核心业务部门,使工作开展更有针对性。当然,将网络安全、数据安全、个人信息三者统筹起来并不意味着相关法律法规要求公司将后续的落地工作交由一个部门负责,企业可以根据自己的特点合理安排。

(二)构建合适组织体系,推动数据建设有效进行

数据的收集、存储、使用、出境、第三方处理,需要公司内部各个业务部门以及公司外部各关联方乃至合作伙伴协同开展工作。因此,数据合规领域的管理层承诺、组织建设就显得尤为重要。且相关组织建设、体系落地工作极为复杂,如果没有管理层的重视和支持,数据合规体系就难以建立。因此,在数据合规体系构建过程中,要做的第一件事是提升管理层意识。管理层的意识提升了,各方面业务才会真正地推进起来。当然,除了管理层重视和合规工作建设外,也可以在公司内部设立类似合规委员会、数据保护办公室等部门。在具体执行时,会有信息技术部门和法律合规部门互相支撑,有些可能是信息技术部门牵头,有些可能是合规部门牵头,甚至还可能在业务部门中再确立一线的第一责任人。通过这些方式,形成一套有效的制度体系、组织体系,保证数据合规工作能够从上到下得到有效执行。当然,不同公司的企业性质不同、发展阶段不同、市场情况不同,企业内部管理方式和历史沉淀不同,企业文化也各异,数据合规工作牵头部门在不同公司也会有所不同。独立的合规部会牵头和信息技术部门一起开展;有些公司没有独立合规部,而由法务部牵头;还有的公司是由数据保护办公室牵头。当然,某些法规如果有要求的,适用该法规的企业则应该遵从其要求,完善组织建设。例如,《上海数据合规指引》便鼓励企业设立数据合规部门,不建议由法务部门履行合规管理职能。

(三)推动风险识别常态化,制度建设体系化

数据合规体系建设的业务风险控制,第一步就是要识别风险。识别数据合规风险需要企业相关主导部门对各类监管规则有清晰的认识和理解,对数据收集应该遵从的原则、法律要求应该履行的动作、个人数据和敏感数据的

区别、未成年人数据保护的特别要求、数据加密和去标识的核心、数据保存的期限、安全等级保护认证的要求、数据泄露响应机制的要求、数据影响评估的条件、数据安全审查的条件、数据跨境相关管理规定等,都需要有透彻的理解。在理解法律要求的基础上,清晰了解所在企业业务部门组织架构、业务上下游特点等,保证制定的风险识别模板既能够体现法律的相关要求,又能够适应不同公司业务部门甚至是各类业务部门的实际情况,保证风险梳理工作可以真正落地。当然,由于企业是不断向前发展的,风险在企业内部也会动态变化,那么数据合规风险识别就需要定期持续进行,形成风险识别的常态化机制,以保证公司掌握风险状况的最新状态。

在风险识别的基础上对风险进行管控,其实质和核心就是对业务流程管控,而流程管控的首要工作就是制度管控,包括数据收集、盘点、标签化、内部流转、使用、存储、第三方转移、数据跨境传输、网络安全保证等一系列的工作,对应的数据合规制度也会较多。在企业内部,过多的制度约束不利于业务开展工作。因此,在企业内部做数据的分类分级工作时,也需要对数据合规制度做分类分级:哪些是基础红线类,要求业务坚决不能违反的;哪些是公司全体适用的宏观手册类,以意识传输和基础要求为主导的;哪些是具有具体操作指引性质,指导各个不同的具体业务部门落实岗位职责的;哪些是审计检查相关制度,帮助验证合规制度是否得到有效执行以及现有制度是否满足公司业务最新实际和监管最新要求的。这些制度侧重点不同,彼此发挥的作用不同,但却可以有效衔接,成为一套体系。

当然,在开展制度建设等流程嵌入工作时,也需要考虑利用信息技术软件等工具。企业的数据合规工作涉及大量数据,内部流转管理也涉及较多部门,需要有一套适合的信息技术系统来协助管理。例如,数据标签流转带来的不同部门数据查阅权限问题、数据使用审批权限、层级问题等,都需要数据合规信息技术系统来发挥作用。

(四)强化合规针对性培训,提升全员数据合规意识

对数据合规培训应该作广义理解,既包括通常意义上线上线下对人员的培训,也包括通过各种形式开展宣贯,甚至各种类型的合规宣贯月活动、合规

竞赛等都可以理解为广义上的合规培训,其核心是推动数据合规知识传递至各相关单位和人员,提升数据合规风险防范意识,也称危险信号识别意识,以增强业务侧风险反应能力和应对能力。从这个角度来说,合规培训也应该分级分类。一方面,公司管理层、数据合规部门人员、业务人员、新员工、代理、外包商、合规第三方等对数据合规的诉求不同,公司数据合规工作对其要求也不同,因此应该分级培训,制定不同内容;另一方面,采购、销售、研发、投融资、售后等不同业务部门所面临的数据合规风险和问题也不尽相同,因此数据合规培训也需要分类进行,针对不同业务领域的特点有针对性地开发课程。同时,合规培训还需要随数据法律法规的变化、公司数据合规体系建设的情况、公司业务发展的情况、公司人员意识的变化情况等不断更新、优化和完善,以保证合规培训能够在合规风险评估持续有效进行、流程制度建设稳妥落地、合规组织运行顺畅无虞、业务一线接受顺利自然、业务人员意识稳步提升方面发挥积极且持续的作用。

(五)关注第三方管理,避免第三方数据违规产生连带责任

在数据合规领域,很多业务场景会涉及第三方,如利用第三方公司提供的数据,将数据提供给第三方使用等。在各种不同的场景,平台类型的企业的数据合规职责格外重。关注第三方数据合规责任及数据合规体系的建设有几个方面的原因。第一,对于个人数据来说,任何数据的收集都需要经过用户的明确同意,且应该满足最小化、必要性等要求,使用目的发生变更还需要告知并经过用户单独同意等。而敏感个人数据和未成年人的数据收集要履行的职责则更多。第二,数据收集方还需要满足用户的知情权、修改权、删除权等。企业获得的数据如果源于第三方,且该类数据对本企业的经营极其重要,那么,如果第三方的数据来源不合规,如未经用户同意收集、过度收集或者通过爬虫技术获得等,都会带来违规风险,从而给企业造成损失。如果将数据提供给第三方,同样要保障数据原始所有者的知情权、修改权、删除权等一系列权利,这些可能都需要第三方配合才能实现。而有些数据在传递给第三方之前也需要第三方在满足一定的数据合规要求后才能够进行。第三方是否能够持续满足这种要求需要持续关注。第三,在投融资兼并收购领

域,也需要关注第三方的数据合规建设情况,进行严格的数据合规建设情况尽职调查,这样才能够为投融资提供有力保障。对于第三方管理,要通过数据传递合规协议、数据合规尽职调查、数据合规培训、数据合规检查与审计等方式,既合法合规地传递数据合规法律法规的要求,又清晰地划分与第三方之间的职责,更能够在适度范围内尽好己方的数据合规义务,在业务开展和满足数据合规监管要求之间取得平衡,在己方数据合规责任和第三方数据合规责任之间取得平衡。

▶ 三、开展全球化业务的企业数据合规体系建设注意事项

(一)推动顶层设计一体化、落地执行本地化

如果企业的业务并不局限于一个国家,而是全球化运营与开展,则需要关注在全球化经营过程中的国际监管形势、法律法规的变化等。在确立管理制度方面,要考虑多地区监管法规的统一性与特殊性。在数据合规领域,尤其是网络安全、数据安全、个人信息保护等合规方面,中国、美国、欧盟、日本等国家或地区都有相关规定。对企业来说,将具有一定类似性质的数据法律法规在每个业务开展国家或地区都独立建立一套完整的制度并不现实,一方面,会出现具有相似职能的组织重复构建的情况,对公司资源造成浪费;另一方面,在制度落地环节会增加业务人员工作负担,并出现不同国家或地区规则的冲突问题。因此,较可取的方式是根据地方分支机构面临的风险状况,选择一部覆盖面最广、要求最严的法律作为总部基准,或从相关法律中寻找共性建立总部制度;在具体制度一线落地,涉及不同国家和地区的规定时,再考虑当地特殊性要求。

(二)组织构建与管理兼顾全球化与本地化

在开展数据合规工作过程中,涉及全球化合规体系组织构建问题时,企业要考虑总部与海外本地信息渠道“上传下达”的畅通,要保证一线风险及时传达至总部、总部要求能够快速落实到一线。在设置总部专职部门与海外

业务部门专职岗位时,需明确职责,强化总部合规部门对海外专职或兼职合规人员的考核权限;对于海外分子公司的合规建设管理需结合分子公司情况、所在国业务风险具体设计。若海外公司是分公司,母公司须承担100%的合规监管责任,总部可以将其视为一个部门进行管理。如果海外公司是子公司,则可能需要结合当地某合规领域风险状况以子公司法人的模式来考虑合规建设。当然,企业也可以在海外某国业务开展之初就提前进行分析谋划,如果当地数据合规监管法律法规健全、数据合规执法较严,对包括数据本地化存储在内的企业数据合规要求严格,则可以考虑以法人独立子公司的形式在当地设立分支机构(当然,是设立子公司还是分公司还要综合考虑税务、关务、劳动用工等一系列监管要求),在合规体系建设上以独立子公司名义开展和建设,保持子公司满足当地监管应该符合的独立性要求和当地数据监管要求。同时,也可将海外子公司的风险与母公司分离,尽可能地降低海外子公司风险对母公司的影响。

(三)以文化建设全方位推动合规体系有效性

站在全球角度,从当前合规执法实践来看,有效的合规体系是监管机构对企业进行处罚时考虑是否减轻或者免除处罚的重要因素。此外,国际合规监管的未来趋势是监管机构在与企业达成和解的过程中往往并不与个人达成和解,即对造成企业违规的个人采取继续追责处罚的举措。随着大数据技术的不断升级、数据经济的深入发展,数据合规领域的监管朝着精细化方向发展,数据合规有效性建设情况在将来会是监管机构关注的重点,有效的合规体系也会让企业在未来的市场开拓和业务发展中受益。因此,全球化数据合规体系建设须从形式合规转向实质合规,方能发挥作用。所谓实质性合规,是要求数据合规体系建设的各要素在企业有效落地,需要企业从高层重视、合规培训、合规审计等角度塑造企业的合规文化。高管要主动参加合规培训,带头遵守公司合规要求,签署合规承诺,更要在自己分管的领域强化数据合规要求;合规部门也需要通过分级分类式的培训、宣贯等将数据合规理念和知识传递至企业的各级人员和业务领域;通过开展合规审计、建立对员工的合规考核奖惩机制等,保证业务执行的有效性。当然,保证合规主导部门工作的独立性、合规工作资源得到足够投入,在全公司促进人人配合合规工作、人人遵从合规部门工作程序及要求也是文化建设的重要部分,更是未来监管机构审视企业合规有效性的重点。需要注意的是,数据合规体系制度建设得再好都不可能完全保证公司不再出现违规行为,人员不遵守合规要求依然有可能给企业带来违规风险。例如,在 app 合规治理领域,虽然很多公司在合规制度上有要求,但是 app 在收集个人信息方面的违规行为仍然屡屡发生。构建有效数据合规体系的目标除了为企业防控风险、避免违规之外,还在于将组织责任与个人责任相区分。未来如果监管机构认可企业合规体系的有效性,那么在发生违规行为时,可能存在仅处理违规人员的情形。

(四)在多重规则遵循中找到平衡点

企业开展全球化经营,应遵守业务所在国的法律法规,除了遵守数据合规要求以外,还可能需要遵守诸如出口管制、反商业贿赂、劳动用工等系列当地监管法律法规。同时,在具体实践中可能存在不同国家同一类型法律规则规定不同的情况,数据安全与保护领域更是如此。对此,企业要综合考虑监管规则、执法动态、企业业务与风险情况,并综合确定一套有效的规则竞合处理方式。企业合规部门需从多个维度着手,一是紧紧抓住与自身公司业务紧密联系的全球数据合规监管动态,如对既定规则的深度研究、对不同规则的对比分析、对监管机构过往执法案例的多维度归纳总结、对监管机构未来动向的持续追踪等,可促进内部合规部门未雨绸缪,提早研判与预期未来动向;二是紧抓公司战略发展方向、全球市场布局、核心产品开发、客户策略、供应链分布及态势,从而将对多重合规规则的研究与公司核心业务紧密结合,既从战略上为公司最高层提供多重规则竞合下全球化业务布局与安排的有效参考意见,也可在具体合规事宜上做好准备,保证企业在进行相关制度设计和合规管控举措实施时取得平衡。国际化经营中不可避免地会遇到数据合规监管要求与出口管制合规监管要求相冲突的情况,不同国家的业务规则若竞合则可考虑采取分级分类、本地化业务经营模式。在个别极端情况下无法取得平衡时,企业就需要通过咨询主管机关来解决。如果风险超过收益,企业则可能需要考虑放弃部分地区的业务。

（五）以品牌思维构筑全球产业链合规生态

企业的全球化经营面临跨文化挑战，而跨文化最难解决的就是沟通和信任问题，跨文化的数据合规建设亦面临这样的问题。如何向监管机构乃至上下游合作伙伴证明自身合规并且是长期持续合规？只有以品牌思维来运营和展现企业的全球化数据合规体系建设，加大符合国际标准的合规文化展示与宣传力度才是正确的选择。以品牌思维来打造全球化合规体系，需要企业在以国际认可标准打造企业数据合规体系的基础上，积极开展合规品牌建设工作。首先，要加大与供应商、客户、代理机构、银行等上下游合作伙伴的合规互动，加大与全球合作伙伴在数据合规规则理解、数据合规体系建设成果、数据合规落地困难交流、数据合规资源共享等方面的沟通与协助。其次，企业要重视面向社会大众的合规工作宣传力度，可以通过参与乃至举办业界合规论坛来扩大公司的合规建设知名度，也包括通过发布数据合规白皮书、企业合规宣传片等多种方式向社会大众呈现企业合规建设成果。最后，企业可在扎实推进合规工作的基础上，结合不同国家文化特点，与监管机构进行良性对话与互动。以品牌思维构建与上下游合作伙伴、社会大众、监管机构的良性合规互动。可进一步塑造企业诚信、真实、透明的合规形象，这将反作用于企业的业务安全与商业机会，推动中企在全球化的发展中更好地解决跨文化、跨规则系列问题，并最终行稳致远。